Тайви Тум

ИСПОВЕДЬ

Книга Третья

IGRULITA Press, USA

IGRULITA Press
© 2011 Тайви Тум (Tajvi Tum)
ISBN: 978-1-936916-05-4

For information address the Publisher at:
igrulita@vfxsystems.com

Paperback edition by IGRULITA Press   2011

2

Моему мужу Петру, дочери Елене и подруге Вере - первым читателям, сумевшим вселить в меня веру, что труд мой нужен. Всем.

Бояться любви - бояться жизни, а кто боится жизни, тот уже мёртв на три четверти.
Bertrand Russell.

Самое большое счастье, это познать причины своего несчастья.
Ф. Достоевский.

То, что мы называем Случаем, есть и не может быть ничто другое, как неизвестное следствие известной причины.
Voltaire.

Если я увидел дальше, то смог это сделать, стоя на плечах Великих.
L.Newton.

Книга, недостойная второго прочтения, недостойна и первого.
C.Dossi

Посвящение.

Безумству тех, кто полюбил,
Кто на Олимп к Вселенной взмыл,
Бессмертьем сердце напоил --
Со светом душу породнил!

Им в помощь Солнце призову!
И ниц, молясь, пред ним паду,
И даст он власти мне соху!
И за их слёзы отомщу!

Эй, ты! Вместилище сил зла!
Посторонись, безмолвствуя!
Они над пропастью парят,
Как звёзды души их горят!

Так сгинь же, слышишь? Прокляну!
Твоих холуев изведу!
Бескормицей пустых могил
Лучами света Высших сил!

Гангреной зло я награжу,
Любовью ненависть убью,
С сумою по миру пущу
Неверье, зависть и тоску!

Все чувства вымою, протру,
Помои пламенем сожгу!
И пепел намертво запру
С тобою вместе, там – в аду!

Что же такое любить?
Это не ждать жизнь, а жить!
Тайви Тум

ИСПОВЕДЬ

28

Вернувшись в общежитие, я вдруг ощутила, что здесь мне делать нечего. Это была не моя комната! — я была здесь чужой. Это было так странно, так неожиданно и непонятно, что меня вновь обдало страхом.

Я любила свой студенческий дом. Очень любила. Здесь всё дышало нашей юностью, нашими вопросами-мыслями, радостями и поисками и, увы, частыми, колючими разочарованиями. Здесь мы спорили, ссорились, плакали и тут же танцевали до утра. Отсюда уходили в белые ночи и здесь же писали письма дорогим, родным людям. Это место было для нас маленькой крепостью, куда мы прятались от внешнего, порой такого жестокого мира.

Но в то утро эта комната, как бы сбросила с себя все одежды, весь свой камуфляж, всё, что я сама же на неё и навесила, и показала себя такой, какой она и была на самом деле — пустой и равнодушной. До враждебности. Отныне мы принадлежали разным пространствам. Она была частью другого мира — мира чужого "рядом".

Я постояла в нерешительности, не зная, что же теперь делать. Не хотелось входить, опять входить в этот мир, мир, где не было места нам. Помню, какой волной отчаяния опять захлестнуло душу — впереди, холодный и неминуемый, виднелся тупик нашей разлуки. Чёрный и неумолимый.

Вот когда пришло, наконец, осознание, полное и законченное, всей сути моей судьбы — быть оторванной от этого мира, но в другой никогда не попасть. Я зависла между ними, как над пропастью, на тоненькой паутинной ниточке, которая обязательно порвётся. Рано или поздно.

И стало ясно, что его уверенность в том, что у меня ещё есть парашют, такая твёрдая и непоколебимая, что даже моя заколебалась, была только его уверенностью, а точнее, его самообманом. Потому, что мой заплечный мешок давно уже содержал только истёртую, в клочки изорванную, никому не нужную бумагу. У меня тоже больше не было лестницы.

Я прошла в комнату, села на кровать и опустила голову на руки. Но почти сразу же вскочила и села писать письмо тебе. И когда оно было написано, на сердце потеплело. Я переложила часть моего груза на твои плечи и знала, что они не подведут. А потом пошла в институт — я должна была спасать свою сессию. Для него.

В деканате меня встретили очень прохладно и сказали, что мою судьбу будет решать проректор, ибо с такими завалами, как у меня, обычно просто исключают из института.

"Посмотрим", — подумала я и спросила, у себя ли профессор. Он был у себя и я сразу пошла к нему.

— Можно зайти?

— Проходите.

За большим, заваленным бумагами столом, в просторной, уютной комнате сидел пожилой, очень приятной наружности мужчина. Приветствуя, он встал, рукой указал на стул и оставался стоять, пока я не села. Его поведение восхитило и покорило. Да, простая воспитанность стала настолько редкой, что когда ее встречаешь, удивляешься. А хамство и невежество давно воспринимаются, как самое обычное, рутинное явление, пусть и чуть подванивающее. Почему так случилось? Куда подевалась русская голубая кровь? Впрочем, комсомольцы с того собрания каких детей смогли бы воспитать?

Я представилась.

— А! Слышал о вас, слышал. Надежда шахмат. Без пяти минут кандидат в мастера спорта. Первая доска в институте среди женщин, причём, до сих пор ни одной проигранной партии. Личный тренер — международный мастер, экс-чемпион мира по шахматам по переписке.Так, кажется? Я ничего не забыл?

— Забыли. И самая отстающая студентка в потоке. Полный завал. Теперь — всё.

Он внимательно посмотрел на меня.

— Пришли остановить часы или объявить начало борьбы?

— Второе. Я никогда не сдаюсь без борьбы. А я её ещё и не начинала.

— Хорошо. Принимаю вызов. Идите в деканат и скажите, чтобы вам не вставляли палки в колёса. А через, — он секунду подумал, — скажем, недельку, зайдёте ко мне и доложите ситуацию на доске.

Я улыбнулась и ответила:

— Есть!

Из его кабинета я вылетела, как на крыльях. Мне бросили вызов и я подняла перчатку. Теперь уже дело стало очень и очень серьёзным — напрямую коснулось моей чести и гордости, моего слова и собственного достоинства! А это — это никак нельзя было замарать! Никак! И сессия перестала быть моим личным делом. Я скорее бы умерла, чем проиграла этот поединок.

Спустя несколько минут меня насладили удлинившиеся от удивления лица секретарей, торопливо выписывающих мне допуски к зачётам. Да, Лена, у других через несколько дней начиналась сессия, а у меня ещё не было даже их. А точнее, не только зачётов, но и лабораторных, контрольных и чертёжных работ, чтобы их получить. Но главное — не паниковать, а методично, по очереди выполнять накопившуюся горой работу. По очереди!

И в 12 часов я уже засела за чертежи — первое, что было решено сбросить с плеч. В то утро мне повезло. Я нашла преподавателя и договорилась, что на следующий день принесу ему все задолженности. И не волновалась — вся ночь была впереди, а стоять напролёт всю ночь и чертить было делом совершенно обычным.

Когда спина разогнулась, было уже почти пять. На мгновение я закрыла глаза, наслаждаясь горячей волной жизни, прошедшей по всему телу. Снова мир стал моим и потеплел ожиданием. Я быстро оделась и погнала к вагончику.

К месту встречи я прибежала ровно в 17.30. Но... его не было. Сначала я удивилась, а потом пришло беспокойство. Но другое, совсем не такое, как тогда, в октябре. Сейчас даже мысли не появилось, что он мог не прийти по собственному на то решению. Нет, и тени такого сомнения не промелькнуло. Теперь сердце знало, всей кровью своей знало, что он — только мой. Навсегда. Но оно посмело забыть, что прежде всего он принадлежит своей серой форме. И теперь она об этом уверенно жёстко напоминала...

И я просто затосковала. Жажда его видеть, почти физическая необходимость вновь окунуться с головой в его озёра, лишали дыхания. Стало казаться, что мы не видимся уже лет десять, что если он не придёт, то я просто умру, а время всё шло и шло, а его всё не было и не было.

Сначала я молила судьбу, чтобы он пришёл. А потом... потом стала проклинать его работу. И всё, что её породило. Такую. А когда ушёл в пустое прошлое почти целый час, пропали все сомнения — его работа отняла его у меня и сейчас. Даже сейчас. И отнимет потом. Навсегда. Она несокрушимо, злорадно ухмыляясь, стояла на нашем пути. Между нами. Она нас свела, она нас и разлучит...

Выжатой тряпкой я вернулась в общагу. На столе лежала незаконченная работа. Я кинулась к ней, как за спасением...

Ночь прошла результативно — все работы по черчению были закончены. Преподаватель долго кивал головой и, в конце концов, признал поражение — поставил зачёт. Дебют был выигран.

Освободившись, я побежала к телефону. И когда услышала его голос, отлегло от сердца. Всё-таки я волновалась и за него.

— Это я. У тебя всё хорошо?

— Теперь — да. Ты позвонила. Даже дома не ночевал.

— О, господи! Ты ещё живой?

— Почти. Скорее нет, чем да.

— Это надолго?

— Да. Но сегодня выполню своё обещание.

— Хорошо. Я тоже своё выполняю. Сегодня — первая победа.

— Я верю в тебя.

— Взаимно. До свидания.

— До свидания.

Я положила трубку. Постояла, справляясь со своими ногами и дыханием, и затем полностью, с головой, отдалась борьбе — мне надо было спасать сессию.

Ровно через неделю я открыла дверь к проректору.

— Можно?

— А, это вы? Ну, чем похвастаетесь?

— Сданы все зачёты и даже один экзамен.

И его изумлённое, недоумённое лицо было мне высшей наградой. Он подошёл, молча пожал мне руку и сказал:

— Чертовски прятно так проигрывать. Поздравляю. И уважаю.

И я опять вылетела из его кабинета на крыльях.

Ирка приехала уже только ко второму экзамену. Не помню, как мы с ней встретились — врагами, подругами или просто мало знакомыми людьми. Не помню — я сдавала сессию.

И сдала. Всё и в положенный срок. А Ирка осталась без каникул и без стипендии. Я ей сочувствовала и знала, что часть вины лежала и на мне.

Отъезд домой был запланирован на следующий же день после окончания сессии. Билет уже давно лежал в тумбочке, заблаговременно выстоянный в очереди моими родственниками, так как у меня, по понятным причинам, на это не было времени. А накануне отъезда я хотела ему позвонить. Не могла уехать из Ленинграда не повидавшись, это означало бы не видеть его ещё две недели! Теперь, когда сессия закончилась и голова освободилась, сердце вновь подняло свой голодный вой... нет, мне необходимо было его увидеть.

Сразу же по окончании последнего экзамена, я спустилась в хол института и направилась к телефону. Было два часа дня. Уже почти месяц прошёл с нашей последней встречи и сознание, что через каких-то четыре часа, 240 минут, я вновь смогу прикоснуться к его ладоням, сладким дурманом кружило голову и наполняло душу чистой, детской радостью. По мере приближения к заветному телефону сердце оживало, а дыхание учащалось. А когда я взялась за трубку, у меня опять поплыло перед глазами.

Нет, я так и не смогла привыкнуть к этим телефонным звонкам. Каждый раз, как в первый раз. Или почти. Тогда был страх наткнуться на стену отчуждения, а сейчас я умирала от его нехватки и от предвкушения услышать его дыхание. Но сущность не менялась — казалось, что пол хола превращался в палубу корабля.

— Да! Я слушаю!

Помню, как вздрогнуло сердце, таким холодом обдало его из трубки. Лёд и раздражение — вот что было в этом замёрзшем порыве ветра. И дыхание пустоты. Не знаю как, и не знаю откуда, но мгновенно появилась уверенность, что мы с ним сегодня не увидимся. Не мог, не мог такой голос всего через четыре часа стать источником океана любви! Нет, это было просто невозможно. И мне до зуда в руке захотелось бросить трубку. Защититься от неизбежного? Не знаю, но я захотела бросить трубку. Трубку из которой рвался тот мир.

— Да! Говорите! Я слушаю!

И я с огромным трудом разжала губы:

— Это я.

Пауза. Долгая, бесконечная. Потом вздох и слова. Уже без льда, без раздражения. Просто слова. Механическим, ровным голосом.

— Когда уезжаешь?

Он был не один. Я только что, резко, слишком резко вырвала его из другого мира — мира чужого "рядом". И ещё стало ясно, до крика ясно, как трудно было ему прийти в себя от этого рывка. Слишком глубоко он туда погрузился, а на поверхность надо всегда выходить медленно. И ещё я поняла, как ему там было плохо. Впервые, всей кожей, каждой нервной клеткой я прочувствовала, каким же он был, тот мир, мир, где ему приходилось жить. Каждый день. С каким рядом.

И всем сердцем, всей любовью я его пожалела. Так, как никогда раньше или позже. Так, что с трудом сдержалась, чтобы не взвыть прямо в трубку. Рвало на части от желания защитить его душу.

— Завтра утром... я... и то слово, которое раньше стояло с вы.

Пауза. Опять долгая пауза. Потом, тем же тоном:

— Спасибо. Это то, что мне было нужно. Очень нужно. Быстрейшего возвращения.

Я отошла от телефона и единым всплеском всего того, чем наделило человека небо, прокляла тот мир — мир чёрно-серого "рядом".

А в общежитии меня ждало твоё письмо. Я жадно разорвала конверт и, поднимаясь по лестнице, начала читать. Но очень скоро сдалась. На ходу такое читать было нельзя. Там было так много всего, так невообразимо много, что я бережно свернула твои листки, спокойно дошла до дома и только вечером, когда Ирка куда-то ушла, вновь их раскрыла. Сидя на кровати, в тишине замершей комнаты, я собрала в комок нервы и впитала твои мысли.

Первое, что ты сообщала, было о сессии — ты её завалила и оказалась точно в такой же ситуации, как и моя Ирка — осталась без каникул. Это меня подкосило — улетучилась мечта провести с тобой целых две недели. А потом ты писала обо мне.

"Уйди на бреющий полёт. Иначе вы просто задушите друг друга. Тебе обязательно надо вырваться, спасая этим себя, его и вашу любовь. Пока ещё не поздно, уйди в полёт, бреющий над ним. И только периодически, когда твои крылья устанут и не смогут больше держать тебя в небе — возвращайся на землю, в его объятия. Только так ты позволишь жить ему, себе и вашей любви. И предоставь время времени. Помни, всё должно развиваться, идти вперёд, расти и совершенствоваться. Остановка всегда равнозначна смерти. Не только в жизни, но и в любви. Уйди на бреющий полёт".

Я несколько раз перечитала эти строки и сдалась — твоей рукой была написана истина. Неизбывная, непоборимая, изматывающая жажда, — вот что пахнуло на меня от этой истины. И тягуче завыла тоска и захотелось изо всей силы удариться головой о стенку.

Потом мозг дал совет враз прекратить эту пытку. Оторваться от него. Как отрезать. Навсегда. Я откинулась на подушку и постаралась представить себя без него. Совсем без него... Тут же вскочила и смиренно приняла свою судьбу. Другого пути у меня не было. Лучше мучиться, но жить, чем не мучиться, но не жить...

Вот почему моё сердце, ещё до получения твоего письма, уже вмешалось и заставило меня вернуть его в семью.

29

От каникул в памяти не осталось ни следа. Помню только, как поразило обилие солнца и тепла, в которые я окунулась, едва сошла с поезда. Пальто и всё ленинградское зимнее снаряжение вызывало улыбки у прохожих, а я усиленно потела, так как некуда было девать всё это искусственное тепло. Совершенно забылось, что в начале февраля у нас нередко уже цвели подснежники, а солнце никогда не уползало в зимнюю берлогу. И почему-то показалось, что там, где всегда, или почти всегда есть солнце, не может быть много горя. Оно просто истает под его тёплыми, живительными лучами.

По возвращении в Ленинград, сразу же окоченев до костей от пронизывающего все внутренности ветра, я прямо на вокзале, подбежала к телефону-автомату и набрала его номер. И опять поплыл асфальт.

— Да. Я слушаю.

Голос был устало-механически-отсутствующим.

— Это я. Только с поезда.

И сразу же в трубке забилась жизнь:

— Ждал. Завтра в пять тридцать. Хорошо?

Стало тоскливо и пусто. До завтра надо было ещё как-то дожить. Мы не виделись почти полтора месяца.

Гудки. Я глубоко вздохнула, возвращаясь на землю, и поехала домой. А дома меня ждал второй предупредительный взрыв бикфордова шнура...

Я зашла в комнату и услышала всхлипы. Не симптомы плача, а настоящие звуки отчаяния. Я остолбенела, потом быстро подошла к спальне и раздвинула занавеску.

Ирка лежала пластом на своей кровати. На полу белел листок бумаги. Я сбросила пальто, наклонилась и подняла его. Это было письмо от Дениса: "Я тебя люблю, но так получилось, что мы больше никогда не увидимся. Желаю счастья и не вспоминай обо мне плохо." И всё. Никаких объяснений.

— Ирка, Ирк...

Я села рядом и положила свою ладонь на её плечо. Оно мелко вздрагивало, не переставая биться в так рыданиям.

— Это ещё ничего не значит, слышишь? Мало ли что ему в голову взбрело? Ты напиши, спроси, может тут какое-то недоразумение...

13

— Нет. Ты его не знаешь. Если он так написал, то… Как же мне теперь-то? А?

Её потерянный возглас полоснул по нервам. В нём я услышала беду.

— Ир, перестань! Жизнь на нём не кончается…

И осеклась. А я? Представила, что такое письмо получила я и….

— Ирка! Ирка!! Не надо, слышишь? Мы всё сможем, всё сможем. Дай только времени поработать и… не знаю… о, господи, я ничего не знаю. Но так… так…

Нет. У меня не было слов. Я ставила себя на её место и просто холодела от ужаса. Так как, чем, какими словами можно было её успокоить?

— Я не хочу жить, я не хочу больше жить…

Ирка! Да ты что?! Пройдёт, вот увидишь! Всё проходит, ну, наверное… Ирка…

И я замолчала, окончательно запутавшись в бессмысленных, стандартных фразах, застыв монументом растерянности и бессилия, беззвучно стеная от неумения помочь, и от того, что слишком хорошо понимала её отчаяние, что не верила своим собственным словам, и от тоскливого предчувствия беды, которую никак не могла отвести. Порывом, до озноба, захотелось спрятаться в его объятиях, в моей гавани. Но до завтра она кораблей не принимала…

— Ирка, я побегу, куплю водки. Ладно? Мы выпьем и всё решим. Слышишь меня?

— Мне уже ничего не поможет… я… я только…

— Жди меня, жди. Слышишь?

Набросив пальто, я побежала в наш гастроном. Когда вернулась, Ирка по-прежнему лежала на кровати. Казалось, ничего не изменилось, но странная тишина завладела комнатой. Нехорошая тишина. Я быстро открыла бутылку, налила ей полный стакан, как более нуждающейся, себе только половину, и подошла:

— Давай. Садись. Выпьем.

Она механически встала, взяла стакан и сказала:

— Давай за смерть. Она всегда добрая.

Глаза у неё были сухие и невидящие — решение уже было принято. Роковое. И я поняла, почему в комнате стояла такая вязкая, как пропитанная тиной, тишина...

От беспросветности моей немочи стало слегка мутить. Потому что не было у меня таких слов, чтобы её остановить, не было, не знала я их! И опять, до стона, не хватало его. Он бы знал, что сделать, он всегда всё знал!

Как важно, как это важно в нужный, точечный момент найти единственно-живые слова, которые могут пробить любую кору отчаяния, любое омертвление рассудка! Сколько раз ещё в моей жизни я пожалею о том, что не было у меня этого знания!

Но где-то я слышала, что главное в таких случаях — ни в коем случае не возражать. И мы выпили. Залпом. И показалось, что в стакане была вода.

— Ещё?

В этот момент в комнату вошла Волжанова. Как я ей обрадовалась! Но хватило одного взгляда, чтобы понять, что радоваться мне было нечему — глаза её жгли тоской. И стало совсем тошно. Я оказалась одна на двоих.

— О! Пьёте? А мне будет?

Голос её тоже был задавлен. В нём не было жизни.

— Садись. Есть для всех. Но уже мало. Гоните деньги. Схожу ещё раз в магазин. Будем пить.

Через десять минут мы сидели за столом в прихожей и пили водку. Без закуски.

— Володю погнали из института. Запретили. Он больше не имеет права пользоваться благами страны, которую решил бросить. Теперь уже скоро...

— И что ты будешь делать?

— А ничего. Пить буду... А что с тобой? — вопрос был к Ире.

Она промолчала. Тогда я дала прочитать Ленке то злополучное письмо.

— Всё это чепуха. Главное, что он её любит. А остальное — чепуха.

— Но ко мне он больше не приедет, — голос Ирки не дышал.

— Приедет. Просто, или что-то случилось — в армии всё-таки, не на курорте, или вляпался в какую-нибудь грязную историю. Например, баба от него залетела. Вот и паникует. Напиши, что любишь и что всё прощаешь. Прилетит, не задержится. Когда у него служба кончается?

— Через полгода.

— Ну, куча времени для того, чтобы забыть и простить.

— Я люблю его и всё на свете ему прощу.

Мы пили, в голове уже порядком шумело, но тоска и всёпоглощающее желание вновь оказаться в его объятиях усиливались, росли, давя и сжимая лёгкие. И чем дольше я смотрела на моих подруг, тем сильнее ощущала страх. Страх от уверенности, что беда уже пришла в мой дом. И я пила, чтобы заглушить этот растущий ужас предчувствия.

Часа через два мы отключились — водка сделала своё дело. А когда я пришла в себя, было уже около 10 часов. На соседней кровати посапывала Волжанова, а Леповой не было. Я растолкала Ленку и рассказала ей о Ирке. Подробно.

— Ну и дура. Если из-за мужика собралась кончать жизнь самоубийством, то туда ей и дорога.

— Ленка! Ну, нельзя же так!

— А как можно? Охранником ей заделаться?

— Ленка, но ведь ты тоже любишь!

— Да! Но руки на себя накладывать не собираюсь!

— Ты... ты жестокая.

— Правильно! Потому что жизнь жестокая! Она никого не жалеет. Ни тебя, ни меня, ни тысячу таких, как мы. Таких, которые могут чувствовать!

— Почему так?

— Да потому что мир изначально жесток. Как проверка на выдержку, на выносливость. Ясно? Кто не выдерживает — списывают со счёта. Сливают в унитаз! Надо быть чёрствым и бездушным. Только тогда она тебя не тронет — руки коротки окажутся.

— Но тогда ты никогда не узнаешь любви!

— Так если "хочешь кататься — люби и саночки возить!" Ясно? Или "если не дюж — не берись за гуж!" Великое дело народная мудрость. Обо всём есть.

— Но не все же заранее знают, что они не дюжи! Неужели не подать им руки? Ведь и тебе может помощь понадобиться! А если так будешь с другими, то и они будут так же с тобой! Как аукнется, так и откликнется!

— Я ни в ком не нуждаюсь. Ни в ком. Потому что, по большому счёту, всем абсолютно до фени и мои проблемы, и мои переживания. Всем.

— Неправда! Мне — не всё равно! Я тебя люблю!

— А я всегда говорила, что ты — исключение. Не от мира сего. Но и тебе крылышки пооберегут. Дай только срок. Всем пооберегут. А когда падать будешь, иди ко мне. Помогу. Но только тебе. Ясно? А все остальные... пусть катятся куда подальше. И вообще, мне домой пора. Пойду.

— Ленка, что мне с Иркой делать?

— Пусть письмо ему напишет. А пока ответ ждать будет... Забудет.

Она ушла, а я осталась. В тишине комнаты ощущение беды обострилось. И опять, до рыданий, захотелось помчаться к нему.

Ирка вернулась поздно, вся красная от свежих слёз.

— Ты где была?

— К нашей "маме" ходила.

— Это к той стерве? Зачем ты к ней ходишь?

— Все ходят. За советом. Она старше всех и опытнее. Зря ты так про неё.

— Ирка, ну неужели ты не видишь, что она не только полная дура, но ещё и змея подколодная? Укусит при первой же возможности!

— Оставь меня в покое! Чья бы корова мычала! Ты-то со мной как поступила? В декабре! Из-за тебя на всю жизнь эти следы останутся!

Она протянула мне запястье. Там были рваные шрамы от притушенных на коже сигарет. И я стухла. Крыть было нечем. Но всё-таки я спросила:

— Что она тебе сказала? Скажешь?

— Не секрет. Сказала, что Денис, скорее всего, переспал с какой-то шлюхой и... и заразился нехорошей болезнью.

— Что?!

— Да! И я напишу ему письмо, что ни в чём его не виню!

— Ты что, веришь в эту гадость?!

— Да! Потому что это — единственное объяснение его письму! Ты-то ничего толком не придумала! Только обливаешь всех своим презрением. А сама...

Она замолчала. Я тоже. Мы друг друга не понимали. Брешь между нами всё более расширялась, и никто из нас уже ничего не мог исправить. В моём доме захозяйничала беда.

Я разделась и легла спать. Засыпая, думала только о нём. С Иркой всё пока стабилизировалось. Она ему напишет, а пока придёт ответ... Время было выиграно, а сейчас это и было самым главным. О Ленке не переживала. Жалела её, но была согласна с ним — у неё кожа была плотной.

Утром я побежала в институт, а Ирка осталась дома. После занятий зашла в шахматный клуб и искренне обрадовалась Розенбергу. Оказалось, что следующий раунд начинался уже через неделю.

— Приходи завтра ко мне. Продолжим занятия.

— Договорились!

Приятное волнение от приближающегося турнира на второй кандидатский балл обдало мозг освежающей волной. Он просто балдел от предвкушения работы! Наверное, то же самое испытывают и гончие собаки перед выходом на охоту — зуд гонки.

Я попрощалась с тренером, а перед тем, как направиться домой, поела в студенческой столовой. Впереди оставалось только одно — ждать встречи с ним.

Было около трёх, когда я вернулась домой и сразу же услышала голос Алки. И звуки гитары. Это было непонятно, но всё очень скоро прояснилось.

— Наконец-то!, -- Алка выскочила из комнаты и повисла у меня на шее, -- Мы тебя уже полчаса ждём! Идём, познакомлю тебя с Володей.

Мы прошли в комнату, и я увидела её парня. Он сидел на кровати под окном и спокойно перебирал струны гитары. Алка была права, Володя был красив. Коротко остриженые русые волосы, приятное, холёное лицо, полные, правильной формы губы. Весь его облик дышал добродушием, а тёмные глаза светились умом и собственным достоинством. Я искренне порадовалась за Алку.

Он встал, протянул мне руку, представился и сразу же попросил меня спеть. Это показалось странным — днём, вот так, ни с того, ни с сего? Но обычно я никогда не отказывала и, поколебавшись только мгновение, легко согласилась. Но после первой же песни он меня остановил:

— Знаешь, сколько я тебя ищу? Полгода! Думал уже, что выброшу мою затею на помойку. Алочка, ты — золото!

— Вот видишь! А ты мне не верил! Я же говорила тебе! А ты всё сомневался!

— Ребят, это вы о чём? Можно и мне узнать? — не вытерпела я.

— Можно! — Володя смотрел на меня, как на только что найденный алмаз. — Алла тебе уже говорила, что я руковожу вокально-инструментальным ансамблем?

А, вот куда он клонит и почему попросил меня спеть? И я решила сразу прервать все его объяснения и попытки меня уговорить:

— Володя, если ты хочешь предложить мне петь в твоём ансамбле — бесполезная затея. Знаешь, скольких я уже отшила? Откуда только не приходили и куда только не приглашали! Но я не соглашусь никогда.

— Почему?

19

Странно, но в его голосе было только любопытство. Он ничуть не расстроился! Или уже не сомневался, что убедит?

— Если ты видел оперу Орфей и Эвридика — поймёшь. Там есть такие слова: "Ты сам певец, ты сам пришёл на рынок, пришёл и бросил сердце на весы!" Так вот, я своё сердце на рыночные весы не бросаю.

— Молодец! Я тоже.

Я опешила. Теперь я опять ничего не понимала:

— Тогда чего же ты от меня хочешь?

— Сердце твоё и голос. Такой, который, шутя, скачет на три октавы и сердце, которое так чисто! Но не для весов рынка, а для рок-оперы.

— ??

— Я написал рок-оперу про Невский пятачок. Слышала о таком?

— Нет. Но догадываюсь, что это про блокаду.

— Да. Про блокаду Ленинграда. А точнее, про Ладогу — дорогу Жизни и про кусочек земли на левом берегу Невы, где полегло столько наших солдат, что на каждый квадратный дециметр того клочка приходится не помню сколько грамм железа и ещё больше грамм человеческой крови. Но зато помню, что она пропитала землю на один метр в глубину. Это был плацдарм для наступления, для прорыва блокады. Потом, когда уже стало ясно, что там прорыв невозможен, туда всё равно гнали и гнали солдат, чтобы не отнимать надежду у города. На верную, бессмысленную смерть гнали. И только ради надежды.

Я слушала его, разинув душу от удивления и ужаса, и... слышала, как умирали те солдаты. А он всё продолжал:

— Ты должна будешь играть роль медсестры. Будешь вытаскивать из этого ада раненых. И там же встретишь своего жениха. Он умрёт на твоих руках. И ты же будешь видеть, бессильная чем-либо помочь, как на твоих глазах уйдёт под лёд грузовик с матерями и детьми. От бомбы, на дороге Жизни —

Ладоге. И это ещё не всё. В мирные дни ты навестишь родителей твоего жениха, чудом выживших в блокаду. Вернее, не чудом. Он накормил жену человеческим мясом, ничего ей об этом не сказав. А сам сошёл с ума. И ты сходишь в такую семью. Я дам адрес. Вжиться, так сказать в образ. Вот, вкратце.

Я онемела. Просто растеряла все слова. И молча, на полном автомате, кивнула ему в знак согласия.

— Я знал, что ты согласишься. Премьера в конце апреля. В первых рядах будут сидеть выжившие с того пятачка. Мало их. Да. И времени у нас мало. Так что завтра — первая репетиция.

— Ой! Завтра не могу. У меня занятия по шахматам.

— Ладно, тогда послезавтра. В пять. Вот адрес и слова твоих арий. Учи.

И он протянул мне толстую тетрадь. А я всё ещё не могла прийти в себя от полученного потрясения. Неужели и такое можно пережить? А ведь есть и такие, которые выдержали даже это. С честью! Так какими они были?! И какой глубины и силы были у них душа и любовь?!

Из общежития мы вышли вместе. До встречи оставалось ещё больше часа, но я никак не могла усидеть дома.

Погода прояснилась. Было, конечно, холодно и почти совсем темно, но ветер стих и город казался уютнее и теплее, будто успокоился после долгого и беспричинного гнева. Мысли мягко хрустели в тон свежему снегу, а глаза искали улыбку звёзд.

— Как хорошо! — воскликнул Володя. — Когда такая тишь, я всё прощаю этому городу. И вообще, очень люблю в такую погоду писать песни. Такие же тихие и прозрачные.

— Споёшь что-нибудь своё? — мне очень захотелось услышать его песни.

— После репетиции обязательно спою. А ты сочиняешь свои?

— Бывает, но я предпочитаю стихи настоящих поэтов, только музыку под них подбираю свою. Ту, что слышу внутри.

— Вот-вот! Володя тоже так сочиняет. Говорит, что надо только переложить на ноты то, что уже звучит в ушах. Так? — и она влюблённо посмотрела ему в глаза.

Именно тогда я подумала о том, что Алка не поёт, не пишет и не читает стихов, и даже не играет ни на каком инструменте. А Володя не знает шахмат. Их любовь не имела фундамента...

В метро мы разошлись. Я поехала на Финляндский вокзал. Всю дорогу молила Вселенную, чтобы никакие серые тени его сегодня не задержали. И ни о чём больше не думала.

Добралась в начале шестого. Его не было. От нетерпения я закружила на месте, поминутно поглядывая на часовые стрелки и кляня их за такое мучительно-ленивое передвижение по циферблату. И вдруг кто-то обнял меня сзади и сильно прижал к себе:

— Если бы ты знала, как я соскучился...

Я вырвалась из его рук и повисла на шее, уткнувшись в неё ледяным носом. Весь окружающий мир мгновенно перестал существовать:

— Я больше...

Мы замерли, глубоко дыша и стараясь утолить первый голод друг по другу. Через какое-то время его голос, опьянённый волнением, смог перекричать бой сердца в моих ушах:

— Пошли, а то совсем закоченеешь. Давно меня ждёшь?

— С пяти.

— Тогда точно замёрзла. Ничего, в "Эрмитаже" отогреешься.

Я вовсе не хотела в "Эрмитаж". Я хотела его. Только его.

— Не хочу. Никуда не хочу. Хочу только туда, где никого нет. Только вы.

Почему я опять перешла на "Вы"? Неужели, пусть пока и неосознанно, уже пыталась подготовиться к неизбежному -- бреющему полёту?

Но он ничего не сказал, только улыбнулся:

— Потом. А сейчас пойдём кормить душу человеческим гением. И лечить её.

Делать было нечего и я пошла в "Эрмитаж". Честно говоря, очень плохо помню, что мы там увидели, но зато отлично помню людей, встреченных там. А точнее, их реакцию на нас. Это легло в памяти прочно и глубоко.

Знаешь, было абсолютно всё равно, что и как подумают о нас окружающие бесплотные тени. Поэтому я всё время держала его за руку, не отпуская её ни на секунду. Слишком долго у меня не было его "рядом", чтобы отдать пустоте даже мгновение его тепла!

Но взгляды толпы проникали до сознания и некуда было от них спрятаться. Кто-то смотрел с любопытством, пытаясь понять кто же эти двое друг для друга, кто-то, уже сделав свои, по своей душе выводы, — с брезгливым осуждением. Но основная масса, — с плохо скрытой злостью и завистью. И вот от этих-то взглядов мне и хотелось спрятаться, потому что именно они могли сделать нам плохо.

Я искоса посмотрела на него и ещё раз замерла от восхищения. Как же он был красив! Тёмно синий костюм и чуть посветлее рубашка с неизменным галстуком, делали его глаза ещё глубже и сочнее, а чёрные волосы казались вывалянными в блестящей саже. Прибавь сюда высокий рост, отличную, атлетическую фигуру, не говоря уже об уме и врождённом благородстве, и ты согласишься, что потерять голову от такого мужчины было делом вполне нормальным. Спасли бы только непрозрачные очки. И наушники.

Помню, что тогда же, мельком, пробежала мысль, что я давно уже не видела его в форме, с лета, с той самой ссоры после поляны.

И вдруг я встретилась с глазами одной молодой женщины. Она шла нам навстречу под руку с каким-то мужчиной. Сначала это был полузрячий взгляд мельком. Потом он вернулся, но уже осмысленный и живой. Я не отводила глаз. И в этот момент, наклонившись, он прошептал:

— Знаешь, мне тоже уже стало невмоготу. Пойдём отсюда?

Как я расцвела! И во время разворота опять столкнулась с глазами той женщины — они искрились хорошей, ласково-понимающей улыбкой. Я тоже ей улыбнулась. Мы поняли друг друга, а это означало, что она тоже любила и была любима. Но эта женщина была одна во всей этой массе призраков.

— Почему молчишь? — спросил он уже перед выходом из музея.

— Там было нехорошо. Эти взгляды... как вываляли в грязи. Хочется в душ.

— Мне тоже. Но не осуждай этих людей. Они достойны жалости.

Я удивлённо посмотрела на него и неожиданно согласилась. Он был прав!

— Поцелуйте меня. Чуть-чуть.

— Нет. В общественных местах сходить с ума запрещается. А если я только прикоснусь к тебе, то точно лишусь рассудка.

И улыбнулся. А меня шатнуло от жаркой волны, пахнувшей от этой улыбки.

— Стой здесь и не шевелись.

Всю жизнь бы слышать эти слова!

Через несколько минут мы уже куда-то ехали. На этот раз он сидел рядом и держал меня за руку. Я была уверена, что мы едем на дачу, но неожиданно такси остановилось. Это всё ещё был город, но окраина, один из его новых районов. Он помог мне выйти из машины, расчитался с шофёром и подвёл к подъезду многоэтажки.

— Проходи. К лифту.

Поднимаясь наверх, я всё-таки спросила:

— А почему...

Он ответил раньше, чем я закончила свой вопрос:

— За город, после такого снегопада, лучше не ехать. Да и шофёр отказался.

Лифт остановился. Мы подошли к какой-то двери, он открыл её, и я оказалась в стандартной прихожей квартиры новой планировки. В той, которую я тебе уже описала. И как только дверь за нами закрылась, я больше не смогла сдержаться. И он тоже.

Куда-то полетели наши пальто, шапки, шарфы, и я оказалась у него на руках. Глаза закрылись — в них не было больше нужды. Несколько шагов, и его руки мягко положили меня куда-то, а губы запретили дышать.

Это был наш второй приступ голода и жажды. И когда тоска, накопленная за все эти долгие дни без него, рванулась из меня частыми, глубокими рывками, выходя горлом сдавленным хрипом, он оторвался и медленно, очень медленно снял с меня свитер. И замер. Тогда глаза открылись, встретились с его фиолетом, обожглись его огнём и помогли рукам разобраться с пуговицами на его рубашке. У меня дико кружилась голова и не хватало дыхания. Я еле сдерживалась, чтобы просто не разорвать все эти дурацкие пуговицы и не сорвать с него и всё остальное. И мы продолжали сладко мучить друг друга, медленно, очень медленно освобождая свои тела от всех напяленных на них тряпок. И когда наконец были сброшены последние, мы отключили сознание...

Когда я пришла в себя, он лежал рядом, без малейшего движения, не касаясь меня и даже как бы отодвинувшись. Глаза тоже отсутствовали, закрытые ресницами. И только дыхание, ещё частое и глубокое, выдавало в нём жизнь. Он был рядом, но словно за стеклом. Никогда я не видела его таким и что-то больно полоснуло по душе. Я приподнялась, наклонилась над ним и легко коснулась губами его уха. Он открыл глаза, и в его озёрах я увидела такую муку, что чуть не захлебнулась своим собственным дыханием!

— Почему? Почему?

Ещё некоторое время он молчал. А потом ответил. Голос его не жил.

— Поздно. Поздно думать о лестницах и парашютах. Это просто самообман. Мы вросли друг в друга. С корнями.

Я откинулась на подушку и вспомнила о твоём письме. И стало очень трудно говорить — горло сдавило нервной спазмой:

— Знаю.

— Знаешь?

Отпустило. Нет, не совсем, не полностью. Но настолько, чтобы можно было продолжать говорить. Значит, я уже успела сжиться с неизбежным — отрыв от него.

— Да. Давно. Ещё когда вернулась в свою комнату в общежитии после нашей последней встречи. Тогда и поняла. Но не хотела лишать вас вашего же самообмана. Думала, что так вам будет легче. Поэтому и сейчас не настаивала на... в общем, не требовала уничтожить мой парашют. Всё очень просто — у меня давно его уже нет. Мне без вас — не жить.

Я говорила спокойно. Нарыв вызрел и ковырять его было уже не больно. Во всяком случае, пока не оголится рана под ним. А это случится только когда мне придётся не говорить об этом, а сделать — взлететь. И мой переход на "Вы" был лишь неосознанной подготовкой к этому.

Но он-то всё это понял только сейчас! И ему надо было время, чтобы смириться с этим. И я продолжила:

— Я получила письмо от Лены. Она написала, что я должна уйти на бреющий полёт. Оторваться от вас, любой ценой, если хочу сохранить нашу... нас...

Я вас люблю!

И, обод разрывая,

Расправив крылья, в небо ухожу.
Сложив их куполом, собой вас защищая,
Я силы чёрные всей кровью прокляну!

Я вас люблю!
И в бреющем полёте
Отдам себя во власть ветров любви,
И не позволю гнилостной мокроте
Коснуться ваших глаз и сердца, и души.

Я вас люблю!
Врастая корневищем,
Я вас под прессом боли задушу.
Страх на земле владыки сапожищем
Извёл всю волюшку и заточил в тюрьму!

Я вас люблю!
И, мукой истекая,
Я с воплем рву все кандалы земли!
Пусть оземь бьюсь! Но в небо вновь взлетая,
Полётом бреющим любовь я сохраню!

Он долго молчал, прежде чем спросить:

— Поэтому ты и настояла, чтобы я вернулся в семью?

— Да. У вас тоже должна быть гавань. Пусть такая, но это лучше, чем никакая.

— А жена обрадовалась. Сказала, что знала, что и эта история кончится, — он нехорошо усмехнулся. — Знаешь, что я ей ответил?

— Что эта история не кончится.

— Не перестаю тебе удивляться. Точно. Только добавил, что если она хочет развод, то с моей стороны никаких возражений не будет.

Внутренне я вся сжалась. Только не это! У него должна быть своя гавань! Наверное, он почувствовал мой испуг, потому что сразу же добавил:

— Успокойся. Она развода не хочет. А мне этого делать нельзя. Да и к чему? Всё равно, с тобой... — он прервал сам себя. — Просто терпеть не могу ложь и

27

всё, что за ней следует. Впрочем, так хоть ночью теперь сплю спокойно.

И он опять усмехнулся, нехорошо и зло. А меня сильно, очень сильно ударило. Прямо в сердце. И я чуть не взвыла.

Знаешь, никогда до этого момента я как-то даже не думала, совсем не думала, что после меня его тела могут коснуться другие руки. А его руки, его губы будут отвечать этим прикосновениям, отдавая им своё тепло. Ни разу даже мысли об этом не мелькнуло! Не знаю почему. Может потому, что кроме него для меня никого не существовало? Просто не было никого, кто мог бы прийти к нему за его теплом?

Но тут я осознала, что это вовсе не соответствовало реальности. Женщин было много, но они хоть не имели на него прав! А вот жена...

Нет, это не была ревность. Какая там ревность! Это было неописуемое словами по своей глубине безысходности осознание моего собственного места в его жизни — никаких прав. И последним плевком в душу прозвучала подленькая и гаденькая мысль, что даже если я застану его с другой, то должна буду только сцепить зубы и промолчать — я была никто. Даже не была его женщиной в полном смысле этого слова!

Но... но я понимала, что не смогла бы промолчать. Нет! Если бы... (Ленка, как же это возможно?!) но если бы он коснулся другой женщины, я бы его не простила. Я не сомневалась в этом! И ушла бы. Навсегда. И это был настоящий абсурд.

— Что с тобой? Ты как коркой льда покрылась.

Сначала я хотела промолчать. Но потом...

— Я хочу знать. Да. Нет! Я должна знать. У... у тебя...

Это было очень трудно спросить. Я знала, что он ответит правду. И боялась её.

— Когда говорит твоё сердце, оно говорит мне "ты". Прости, я не хотел тебя перебить. Не удержался. Каждый раз твоё "ты"... Но я слушаю, продолжай.

И я, закрыв глаза, кинулась в пропасть:

— У тебя были женщины после меня?

И вся съёжилась, замерев и перестав дышать. И держа глаза закрытыми — я боялась прочитать его ответ раньше, чем услышу.

Он долго молчал. И я не выдержала:

— Я всё понимаю. Всё. Я... да я даже не женщина! Но... Я должна знать. И... хочу понять себя. Почему никогда не прощу тебя, если узнаю, что... что... Я же никто!

— Никогда не задавай вопросы на которые не хочешь услышать ответы. — он помолчал. — Да. Жена. Последний раз — до Нового года.

Пружина расслабилась, но не совсем. Я выдавила из себя обязательное:

— Жена — не в счёт.

— В счёт. Всё в счёт. Даже мысль. Когда любишь.

И во весь голос запело сердце. От счастья!

— Я люблю тебя...

— Иди сюда...

И вновь его губы родником приникли к моим. Вновь бешено забилось сердце, а телом овладела знакомая дрожь. И тогда я вырвалась и очень спокойно, тихо, хрустом ветки, лопнувшей от мороза, сказала:

— Возьми меня. Не хочу быть наполовину. Ничего не хочу наполовину. Или всё, или ничего.

Он, продолжая поить меня горячим источником из своих потемневших озёр, чуть запинаясь от их волн, спросил:

— А ты сможешь потом оторваться на свой бреющий полёт?

— Всё смогу... Всё.

Он ещё искал в наших душах хоть малейшую тень сомнения. Не нашёл. И...

— Хорошо. Я люблю тебя....

Как мотылёк влюбился!
С ума сошёл от страсти!
Душа его не знала

Ещё такой напасти!
Там далеко, как в сказке,
На солнечной лужайке
Белел надеждой ландыш,
Как неги чистой мякиш.
А в розочках-кувшинках,
Как в маленьких росинках,
Невинность затаилась
И радугой умылась.

И мотылёк сорвался!
На зов тот опустился,
И с ландышем обнялся,
И той росы напился!
Вздрогнул от боли стебель,
Блаженством изогнулся,
И к мотыльку цветками
С любовью потянулся!

Уже спускаясь по склону затухающей боли, я счастливо расплакалась. От почти мгновенно наступившей, и так давно уже мною забытой, полной, до самого дна, ясности в моей душе. И от вновь вернувшейся к ней звёздной чистоты. И от того, что так долго и так исступлённо нами вымученное наше единение, наконец, смогло свершиться.

Именно тогда я поняла, что счастье, белое, без единой морщинки, без единой нотки диссонанса со Вселенной, это — покой. Всесильный, великий, океанский покой двух душ, ставших одной.

Он вновь высушивал губами мои глаза. А я молила все силы света, чтобы никогда, никто и ничто не смогли оторвать нас друг от друга.

— Не улетай слишком надолго и слишком высоко. Я хочу всегда тебя чувствовать рядом. Нет, не так... Мне необходимо чувствовать тебя рядом. Всегда.

Я только смогла кивнуть головой. И ещё через столетие он сказал, открыто и счастливо улыбнувшись:

— Пойдём в ванную. Я хочу тебя помыть. Знаешь, как в детстве. Ты будешь стоять, как маленькая девочка, а я усиленно отдраивать твои побитые и запачканные коленки. А потом обязательно что-нибудь поедим. Не знаю, как ты, но я очень проголодался. Хорошо?

Я уже тоже смогла улыбнуться. А через минуту, стоя под горячим, весёлым душем, я с наслаждением подставляла своё уставшее и умиротворённое тело под его сильные, любимые руки. Почему-то я и вправду чувствовала себя маленькой и счастливой дошкольницей.

Мы вышли из ванной и прошли в кухню.

— Садись за стол, а я что-нибудь придумаю перекусить.

— Вообще-то, я ...

Но он перебил меня, весело подмигнув:

— Есть такая народная поговорка — кости любят только собаки. Ясно?

Я смутилась и перестала спорить. Он завозился возле плиты и холодильника.

— А что это за квартира?

— Одного моего хорошего знакомого профессора. Он уехал за границу на два года. По контракту. А ключи оставил мне. Так, присмотреть за квартирой.

Вопросы из меня выходили сами, вразнобой, без всякой связи между ними. Просто, как мысли вслух. Лёгкие и расслабленные:

— А почему ты больше не носишь свою форму?

— Заметила? Обычно, мне хватает один раз наступить на грабли, чтобы сделать соответствующие выводы.

Я подумала.

— Да. Если бы ты тогда был не в этой серой форме... Да. Думаю, ссоры бы не было. Во всяком случае, не до такой степени.

— Поэтому я вчера переложил встречу на сегодня. Если бы ты позвонила до обеда, я успел бы переодеться.

Как просто! Как правило, всё, что кажется сложным, на самом деле — задачка для промокашек.

— А ты знаешь что-нибудь о Невском пятачке?

— Конечно, а почему ты об этом спрашиваешь?

Я рассказала ему о предложении Володи и о том, что я согласилась петь в его опере. Его реакция меня удивила. Он опять подошёл ко мне, поцеловал в щёчку и весело сказал:

— Это просто чудесно! И я обязательно приду на премьеру.

— Ты? Ты придёшь на премьеру?!

— Даже если придётся в прямом смысле слова бегом удирать от полковника.

— Как здорово! Но... но я тогда буду очень волноваться.

— А это меня не интересует. Главное, я смогу наконец услышать, как ты поёшь.

— Я ужасно буду волноваться. Но... вот увидишь, я так спою! Так...

— Не сомневаюсь. Хотя мне заранее тебя жаль. Такое петь... кучу душевных сил потребуется. Но я в тебя верю!

— Знаешь, а Алка влюблена в этого Володю. Очень. Только...

— Я ей заранее сочувствую.

— Почему, что ты имеешь ввиду?

— Он слишком много времени проведёт с тобой. А быть с тобой и не влюбиться — это невозможно.

— Не смейся!

— Я совершенно серьёзен. Сужу по себе.

— Неужели ты думаешь, что я посмею...

Он перебил:

— Конечно же нет! Но... к сожалению, это происходит без нашего на то согласия.

— Нет. Не хочу так думать. Во всяком случае, я сделаю всё, чтобы этого не случилось. Я тогда всю жизнь себе этого не прощу.

— Ты же всегда говорила, что это — только проверка. Насколько я помню, ты никогда и никого не пожалела в этом смысле.

— То — другое дело. Мне было абсолютно всё равно, кто они и что они. А тут... Алла моя подруга!

— И тем не менее, лучше, если у неё сразу не будет иллюзий.

Я подумала.

— Нет. Таких, как я, больше нет. Значит, если я уйду в сторону, у них всё будет хорошо.

— Не согласен. Это про Аллу он должен думать, что таких, как она, больше нет на всём белом свете. Тогда и ты потерпела бы полное фиаско.

— Но ведь ты же ушёл с дороги твоего друга?

— Да. Но я — мужчина.

— Ну и что?

— А то, что женщина обязательно должна быть любимой. А Толик очень любит свою жену. А со мной это была бы только пару раз постель. Всё. И тогда и она, и он остались бы у разбитого корыта.

Я опять подумала и поняла, что он прав, но...

— А как же тогда твоя жена? Ты же её не любишь?

Мы впервые, вернее, я впервые заговорила об их отношениях. Он не сделал никакого акцента, никакой паузы, чтобы показать, что эта тема не была нейтрально-общей:

— Она любит меня ровно настолько, на сколько я люблю её. На равных. И ещё. Она из тех женщин, которые считают, что стерпится — слюбится. Кроме того, прекрасно понимает, что я никуда от неё не денусь. Впрочем, до недавнего времени я давал ей ровно столько, сколько ей и требовалось. А требуют всегда ровно столько, сколько могут дать. Вполне инстинктивно, в прямо пропорциональной зависимости от своего собственного духовного развития. Более того, если бы я действительно её любил, она бы просто от меня сбежала. От испуга.

И мне вспомнился наш давнишний разговор втроём — я, Ирка и Кокошкин. В общежитии. Как же это было давно! А он уже накрыл на стол, и запах свежезаваренного, хорошего чая шевельнул в памяти очень далёкое, нереально далёкое прошлое.

— Помнишь, как ты угостил меня чаем? Тогда, в твоём...

Он перебил меня. Резко, как перерубил канат:

— Прошу тебя. Не впускай сюда то, что и так стоит между нами.

Меня тряхнуло. Сильно. И я тут же забаррикадировала к нам дверь. От серого цвета.

— А про Алку... Пусть ты и прав. Но я этого на свою совесть не возьму. На ней и так уже слишком много всего понавешано. Хватит.

— Ешь. По-моему, бутерброды у меня получились вполне удобосмотримые.

Я улыбнулась его словечку и стала жевать:

— И даже удобоваримые! А скажи, тогда, когда я позвонила тебе перед моим отъездом, ты был не один, угадала?

— Да. Не один.

— А кто это был? У тебя был такой голос...ну, будто кто-то подменил тебя.

Пауза. А потом, глядя мне в глаза, он тихо, но властно сказал:

— Никогда не спрашивай меня о моей работе. Никогда. И дело даже не в том, что я просто не имею права ни с кем о ней говорить. А в том, что я не хочу, — понимаешь? — не хочу вспоминать о том, другом мире, когда нахожусь с тобой. Не хочу допускать его к нам, пока мы вместе. Не хочу, чтобы он опять стоял между нами. Хорошо?

Мне стало плохо. Опять я почувствовала холодное, липкое щупальце того мира. Мира серо-чёрного "рядом". Он почувствовал. Встал, подошёл ко мне, наклонился и сильно, всем только что пережитым сопрокосновением с тем миром, поцеловал. И я, глядя в его синюю бездонность, взмолилась:

— Пойдём, ладно? Я хочу прижаться к тебе. Всем телом. И тогда мне опять станет спокойно. Как в шёлковом коконе. Хорошо?

Он молча взял меня на руки, отнёс в спальню, опустил на кровать, потушил свет и лёг рядом. Я уютно закуталась в его руки и почувствовала, как тёплая, ласковая волна покоя выбросила из души все отголоски того мира.

— Тебе хорошо? — спросил он, дыша моими волосами.

— Да. Теперь — да, — я помолчала. — Знаешь, я хотела рассказать тебе про моих подруг.

— Давай.

— А теперь не хочу.

— Почему?

— А когда я с тобой — всё остальное кажется таким... ну... мизерным, что ли? Как цыплячья возня. Или я эгоистка?

— Нет. Не в том дело. Просто... — он на секунду остановился, — просто никто из твоих подруг не поступил бы так, как поступила ты. Я имею в виду у меня... — он опять запнулся, но всё-таки продолжил, — на допросе и на том комсомольском собрании.

— Ну и что?

Его напоминание о серой реальности меня не задело — я надёжно была спрятана у него в объятиях.

— Душа этих людей много мельче твоей. А значит, и переживания, — как возня цыплят в курятнике. На большее они не способны. Поэтому для тебя, это — как вид сверху. Похоже на карикатуру.

— А почему никто не поступил бы, как я?

— Каждый нормальный человек прекрасно понимает, какая дорога на распутье есть единственно верная. Но не каждый её выбирает. Далеко не каждый. Почему? Да потому, что она — самая трудная. Всегда. Но лишь по такой дороге можно прийти к счастью. Ведь никогда ничего и никому не даётся даром. Тем более, счастье. А встав на лёгкий путь обмана — обман и найдёшь. Как правило, такие люди ненавидят тех, кто не испугался и дошёл до счастья. Впрочем, они, прежде всего, презирают самих себя и за это ненавидят тех, кто стал для них зеркалом. Ведь всё познаётся в сравнении.

— Но ведь не каждый же проходит через такой кошмар, как я?

— А это и не обязательно. Достаточно знать о тебе. Волей-неволей, а задашь себе вопрос: "А как бы я поступил, окажись на её месте?" И не сомневайся, каждый чует собственный ответ. И ему становится противно от собственного гнилья. Пусть только интуитивно, но такие люди не смогут больше себя уважать. И потом, для таких, как они, совершенно необязательно устраивать испытания такой силы — они и на мелких, которые для тебя остались бы просто незамеченными, поскользнутся, грохнутся и сломаются. И в итоге всё равно получат то, что заслуживают.

— А ты? Как бы ты поступил на моём месте?

— Если бы я поступил иначе — ты бы меня не полюбила. Ведь так?

— Да. Так... А что теперь будет с нами?

Он долго молчал, а потом выдохнул:

— Будем любить друг друга. Пока дышим, — и его голос знакомо дрогнул. — Иди сюда...

Сильно толкнуло горячей, жаркой волной...

— Я здесь..

И водопад ласки хлынул в мою душу.

Не знаю, но мы никак не могли насытиться друг другом. Мне уже казалось, что в наших душах были огромные дыры-пробоины, нанесённые чужим, холодным, враждебным нам миром и через них постоянно вытекала полученная ласка-вода, и поэтому они вынуждены были вновь и вновь требовать её пополнения. И наши губы, сливаясь в одно дыхание, становились тем источником-проводником, по которому поступала в нас живая вода любви. Ни на нём, ни на мне не оставалось ни одного сантиметра кожи, не напоённого этим напитком жизни! Но мы, в упоении от высшего, Небом подаренного людям единения, не могли, не хотели вновь коснуться земли!

И снова исчезла, провалившись в другое измерение земля, вновь взмыло в просторы беспределья, вновь я задохнулась от блаженства и невесомости, а когда, расправив крылья души, уже мягко, как без веса, планировала обратно, боль, но уже не резкая, не жгучая, опять разрезала тело напополам, и я услышала его сдавленный, изнемогающий от страсти и счастья стон вдосталь накормленной любви...

И ещё долго мы просто лежали, не шевелясь, почти не дыша, боясь нарушить, потревожить малейшим движением это бездумное реяние в мире любви, куда никогда не смогут дотянуться руки серых призраков.

Он первым глубоко вздохнул и прошептал:

— И я всё равно тебя хочу. Постоянно хочу. Никогда со мной такого не бывало. Как ты сказала? Набыться... Да, я никак не могу набыться с тобой.

— Я тоже... Мы сошли с ума?

— Вполне возможно. Но теперь спать. Надо спать. А то я опять тебя... да... давай спать. Хорошо?

Мы пожелали друг другу спокойной ночи, и он почти сразу заснул. А я продолжала лежать, не шевелясь, с открытыми глазами, и всеми силами пытаясь представить себе завтрашнее утро — утро моего первого толчка от него. И не могла. Это было так же нереально, как представить Бесконечность. Или Вечность. Или... ад.

Но оно наступило, это утро. Серое утро зимы.

— Вставай. Завтрак готов.

Родной голос и запах кофе. Я открыла глаза и умылась в его свежей лазури глаз.

— Доброе утро. Спасибо.

— Доброе утро. Отдохнула?

— Наверно. Не знаю. Хочу всегда просыпаться, приняв первый душ из твоих глаз.

— Ты правда не пишешь стихи?

— Ну, так. Корявое и жалкое подобие настоящих поэтов.

— Не верю. Пообещай, что в следующий раз прочитаешь всё.

— Ты во мне разочаруешься.

— Рискни! Риск — благородное дело.

И мы оба рассмеялись. Потом он оставил меня спокойно завтракать, а сам пошёл в душ. Когда вернулся, свежий и бодрый, я уже поела и тоже пошла умываться. А после душа стало значительно легче и спокойнее на душе.

На улице мне опять показалось, что мы просто разъезжаемся по работам. До вечера. Но эта иллюзия быстро испарилась. И чем ближе становилось метро, тем тяжелее и натянутее становился наш разговор. В конце концов, он первый положил конец этому взаимному притворству:

— Хватит. Не хочу больше ломать эту комедию. Ты должна знать главное.

Мы стояли у входа в метро и не отрываясь смотрели друг другу в глаза. Его голос стал жёстким, стянутым в комок волей:

— Я люблю тебя. Вот всё, что ты должна знать. А теперь — взлетай.

И я поняла, что наступил момент отрыва. И чуть не вцепилась в его руки. И резко качнулась земля. И размыло зрение. И я уверилась, что теряю сознание...

И тогда мозг, тот самый мозг, который спас меня в том ледяном пруду в стройотряде, мощно взял на себя власть над моим телом. Приказом он заставил его развернуться и сомнамбульским шагом уйти в метро. Я прошла пропускные автоматы, выстояла движущуюся лестницу, дождалась поезда, зашла в вагон и только там меня догнала, растерзав на куски, боль. И я схватилась за поручни, чтобы не упасть...

Как алчно жрёт тоска,
По швам трещит душа,
Как рвёт мне крылья смерч,
И ран моих не счесть!

Накренился корабль,
Пробоины — свищи,
И стоном из него
Уходит жизнь в пески.

Закрыт родной причал —
Источник сил его.
Как смерти помело,
Ударил ветра шквал!

И парусом взмыл крик
К Источнику любви —
Всех родников земли —
Истоков сил души:
"Меня таранит боль,
И в трюме — гной-разор,
Мне тошно здесь одной,
Ревмя ревёт мотор!

Здесь яростью налит
Свинцовых рокот волн,
И смертью дышит дно...
Не жить мне без него!"

Вселенная, вздохнув
Всей мудростью своей,
Ответила: "Внемлю
Молитве я твоей.

Послушай же меня,
Посмевшая любить,
За кубок тот сполна
Должна ты заплатить.

Ведь в нём — созвездий кровь,
Их мощь, и свет, и плоть,
И мирозданья новь,
А властвует — Любовь!

Любовь — это Бессмертье!
Не бойся слечь на дно,
Исторгнешь боль в отрепье
И вновь уйдёшь в полёт!

Маяк любимых глаз
Укажет путь тебе,
Лучом разрежет мрак —
И вас приму к себе!"

30

В институт в тот день я не попала. Не смогла, на это у меня сил не хватило. Выйдя из метро, я направилась в небольшой сад, разбитый недалеко от общежития. Весной, по ночам, мы с Иркой нахально ломали там сирень и огромными охапками таскали домой. И тогда в нашу комнату тоже приходила весна.

Как я любила эти цветы, эти щедрые гроздья весны! От их запаха голубела душа. И весь мир, пусть только на длину вдоха, тоже становился чисто-голубого цвета. Как его глаза.

Сейчас, зимой, здесь не было ни души. Я счистила со скамейки снег, села и только тогда заметила, каким прекрасным выдался тот день. Мороз, конечно, был, но ровно настолько, чтобы не допустить слякоти. А солнце, будто решив выйти на разминку перед весной, так сказать, размять лучики, весело слепило глаза, отражаясь мириадами искринок от белого, нетронутого снега.

И я замерла, отдав себя ему на лечение. Мозг, устав от только что выполненного долга, полностью отключился, и вместе с ним — все мысли. Я сидела, подставив борющееся со слезами лицо солнцу и давила в себе почти неуправляемое желание упасть ничком в этот чистый, безмятежный снег и заголосить во всю боль.

Мне некуда было пойти. Не у кого было просто поплакать на груди. И я давила в себе этот вой отчаяния, чтобы не сойти окончательно с ума, не побежать к телефону и не прорыдать в трубку, что не могу и никогда не смогу от него оторваться.

Да, Ленка, я не могла взлететь. В ужасе и в полной растерянности от сознания, что сил у меня оказалось так мало, я сидела замерев, не двигаясь, и мысленно говорила с тобой. И мне казалось, что я слышу твой голос, мягкий и спокойный:

— Это пройдёт. Ты сильная. Ты очень сильная и ты любишь. А это значит, что всё сможешь. Всё. Только не торопись. Дай откричаться сердцу, дай отплакать душе и ты вновь станешь сама собой — сильной и любящей. И всё сможешь. Всё. Ведь кто любит — побеждает даже смерть.

— Да. Знаю. Я жду. Но... Ленка! Всего несколько часов назад я отдала ему всё, что только может отдать мужчине девушка... Ну за что мне такая мука? За что?!

— За всё надо платить, помнишь? А за такое разве не стоит?

Время шло. Постепенно стухала истязающая, надрывная боль во всём теле и переходила в щемящюю, занудную тоску. А с ней уже можно было дышать. С ней уже можно было взлететь.

И я сидела, полностью расслабив мышцы, и спокойно ждала когда закончится этот процесс, процесс сращивания выковырянных отчаянием дыр в моей душе...

Когда добралась до общежития был уже почти полдень. На вахте меня ждало письмо. От тебя. То самое.

На этот раз я не стала его распечатывать сразу. Почувствовала? Не знаю. Но раскрыла его только после того, как разделась и легла на кровать. Прочитала и взвыла. Это была следующая предупредительная вспышка бикфордова шнура.

Ты писала о том чехе. "Я пришла к нему с моей печалью, а он сказал "хочу"... Если бы ты была рядом! Знаешь, это я, наверное, такая, что мне говорят "хочу", а не "люблю". Ведь до тебя твой тоже был знаком только с этим словом... Значит, всё дело во мне. Я приговорена к безлюбви. Не хочу."

И у меня тут же разорвались швы на только что зашитых ранах. Потому что я инстинктивно дёрнулась бежать к телефону за помощью и вспомнила, что это уже стало невозможным.

А больше мне идти было не к кому. И от этого двойного удара что-то сильно захрипело в груди. И я долго лежала, закрыв глаза, ожидая, когда перестанет хлестать кровь из только что развороченных ран. А когда я снова смогла открыть глаза, решила поехать к тебе. В эту же субботу. На один день. На дольше времени не было — начинались репетиции оперы и два шахматных турнира: за честь института на первенстве города и на второй кандидатский балл.

И каким-то образом надо было проходить мимо телефонных автоматов. Долго? Не знаю. Но там, в парке, я дала себе слово, что увижу его только тогда, когда буду абсолютно уверена, что уже хорошо держусь в полёте. Только тогда. Или... или когда полечу вниз головой на скалы.

Наверное, я заснула, потому что когда пришла в себя, было уже около двух. Ирки ещё не было. Голод поднял с постели и отправил на кухню. А когда вернулась с готовым змеиным супчиком, меня ждала... Олька! Как я ей обрадовалась! Впрочем, теперь думаю, что тогда я обрадовалась бы кому угодно, кто прервал бы моё "наедине с собой".

Мы обнялись и поцеловались.

— Вот, осталась даже без каникул. Один экзамен завалила. Пришлось сидеть на каникулах и учить. Думала, что никогда не сдам.

— Садись, есть будешь?

Она не отказалась. Мы дружно накрыли на стол и сели обедать.

— Рассказывай, как ты? Какие новости?, -- спросила Оля.

— Да у меня — всё по-старому. Шахматы, школа. Теперь вот, в опере буду петь.

— Какой опере?

Я рассказала. Но опера её не заинтересовала. И на премьеру она не попросилась.

— Говоришь, что Алка влюбилась?

— Да. И взаимно. Только что-то не верится в эту любовь.

— Почему?

— Да слишком они разные. Я, конечно, понимаю, что надо дополнять друг друга, но как бы это объяснить? Нашла! Корова же не может дополнить овцу! Надо, чтобы оба были из одного стада!

— Придумываешь ты всё. Сама-то ещё ни в кого не влюбилась?

— Нет... Ты лучше про Грифа расскажи, как у вас?

— Вроде и хорошо, да не так, как раньше. Я... знаешь, потому к тебе и приехала. Я теперь часто плачу, -- и голос у неё дрогнул.

— Ты расскажи. Что случилось?

Мы уже доели. Она достала сигарету и закурила:

— Куришь?

— Так, балуюсь.

— А я как паровоз. Вот. Знаешь, думаю, Гриф стал тяготиться мной. А порвать не может. Духу не хватает. Появляется иногда, на ночь. А утром сбегает. А я реву.

— Почему же сама-то не уйдёшь? Первая! Всегда надо уходить первой.

— Легко тебе говорить! Вот полюбишь, тогда посмотрю, как запоёшь. Советы легко давать, пока самого не хватит по голове.

— Послушай, Оль. Ведь всё равно ничего путного у вас не выйдет. Рано или поздно он тебя бросит. Так не лучше ли уйти первой? Хоть не будешь чувствовать себя униженной. И потом, у мужиков очень хорошо развит хватательный инстинкт.

— Что-что? Как это?

— Хватать, что уползает из рук. Инстинкт собственника. Раз моё, значит, моё. И вдруг оно уходит! Вот и срабатывает рефлекс. А если ещё и не сразу к нему возвернуться... Так мужика можно помучить! Никогда и никуда больше тебя не отпустит. Ну, хотя бы потому, что то, что достаётся с трудом, становится дорогим. Но лучше всё-таки не растворяться в мужике так, как ты. Тогда и эти инстинкты не понадобятся.

— Слишком уж всё у тебя заумно. А попроще нельзя?

Я честно попыталась ей растолковать сказанное, но она просто отмахнулась:

— Это только философия. А в жизни — всё значительно проще. Когда любишь, обо всём на свете забываешь. Только им и живёшь, и дышишь. И сделаешь всё на свете, чтобы удержать его возле себя.

— Теряя себя. А значит, и он — тебя.

— Философия.

— Хорошо. Тогда *ты* объясни, почему он к тебе охладел.

— А что тут объяснять? Бывает же так: любил, а потом разлюбил, -- и она всхлипнула.

— Не бывает, Оль. Просто или никогда не любил, или ты растеряла то, за что он тебя когда-то полюбил. Ну, как ты этого не понимаешь?

— Я к тебе за сочувствием приехала, а ты меня же и обвиняешь во всём!

И я перестала к ней стучаться. Видимо, есть люди, которые не только не могут разобрать свои проигранные партии, но даже не в состоянии понять готовый анализ, который им преподносят на блюдце с голубой каёмкой.

— Ладно, только не убивайся ты так. Расскажи лучше про Сашку. Что-нибудь знаешь?

— Про Сашку? — она помолчала. — Знаешь, когда он приехал, мы ночью одни остались. Ну, лег ко мне. Я так растерялась! И Грифа любила, и его. А он, как обнял меня... Всё так вспомнилось! Школа, первый наш поцелуй. Вот... Если бы он тогда настоял, я бы ему не отказала. Да. Тогда бы всё по-другому было. Но он... знаешь, что сказал? "Нет, Оля, я люблю тебя." И не взял меня. Больше я о нём ничего не знаю.

И я убедилась, что Сашка её действительно любил. А она не любила никого. Только себя. Но... она-то думала по-другому.

— Что будешь делать, если Гриф тебя всё-таки оставит?

— Убью себя. Я уже решила.

Она сказала это спокойно, так, будто речь шла о чём-то постороннем, вовсе её не касающемся. Я вспомнила его слова о ней — Оля может натворить нехороших дел, но только в порыве. Было бы очень здорово, если бы я сумела угадать, когда у неё наступит этот порыв.

И ещё я подумала, тогда об этом подумала, что почему-то, все кто находится со мной в тесном контакте, начинают, как по-очереди, медленно, но верно сходить с ума.

Почему? Случайность? Нет, я не верила в случайности. Значит, должно было существовать другое объяснение. Но какое? Может, это я так влияла на моих друзей? Ну, как заражала их, что ли? Но это казалось совершенно невозможным.

Снова захотелось к нему. Ведь даже с тобой, по понятным причинам, я не могла об этом поговорить. В который раз, во всю глубину я прочувствовала своё одиночество. Да, у меня была ты, и был он. Но ты — в Москве, а он — как на другой планете...

Мы вышли из общаги вместе. Оля поехала домой, а я отправилась к Розенбергу на занятия по шахматам. Всю дорогу думала об Оле, об Ирке, о нём и о тебе. И чувствовала, как мало у меня сил и опыта, чтобы суметь достойно сыграть этот сеанс одновременной игры с жизнью и не проиграть на всех её досках.

Дверь открыл сам Геннадий и весело предложил зайти.

— Я тебя сейчас кое с кем познакомлю. Проходи.

Я и не подозревала, что за сюрприз меня ждал в его кабинете! Но едва переступила порог, меня хватил столбняк. Самый настоящий. Я даже дышать перестала! За столом, лицом ко мне, улыбаясь открытой и радушной улыбкой, сидел... Анатолий Карпов.

Я говорила тебе, что была давно в него влюблена. Пылала к нему самой настоящей страстной шахматной любовью. Он был моим кумиром, божеством, моим символом. Что-то высокое и яркое, как звезда, на которую можно было только смотреть и молиться. И стремиться достичь хотя бы сотой доли её блеска. Но никогда не отождествляла ее с человеком. Оно и понятно: звезда может быть только звездой. А тут... В двух шагах от меня сидел Карпов-человек и совершенно как человек, дышал, улыбался и даже что-то говорил. Мне! Я моргала глазами и не могла даже пошевелиться от шока. И конечно, ничего не слышала из того, что мне говорилось.

— Толя, пожалей её. Она давно в тебя влюблена, как в божество. Сейчас очнётся, придёт в себя, и тогда сыграй с ней партию. Она на всю жизнь это запомнит.

— Договорились. Только у меня уже мало времени. Должен бежать.

Эти слова до меня достучались и столбняк мгновенно улетучился.

— Я уже пришла в себя. Здравствуйте.

— Здравствуйте! Хотите сыграть со мной партию?

— Хочу, но вряд ли что-то буду соображать. Просто, как факт, посидеть с вами за одной доской.

Он улыбнулся и жестом пригласил за стол. У меня тряслись руки и рябило в глазах от волнения. Розенберг поставил нам по 7 минут на партию и включил часы. Я смотрела только на чемпиона мира и вовсе не видела ни доски, ни фигур. В конце концов, он пожалел меня и предложил ничью. Тогда я всмотрелась в фигуры и поняла, что через три хода мне был неминуемый мат.

— Какая же здесь ничья? Тут мат в три хода.

— Это не партия была, а знакомство. А знакомствам маты не ставят. Не красиво. Согласны?

И опять улыбнулся. Такой открытой, ясной и доброй улыбкой, что просто невозможно было не улыбнуться в ответ. Мы пожали друг другу руки, и я встала из-за стола. Он тоже поднялся, попрощался со мной, и они с Геннадием вышли из кабинета. Через несколько секунд хлопнула входная дверь. А я всё сидела и не могла прийти в себя от полученного приятного потрясения. И ещё сильнее влюбилась в шахматы.

— Ну, как тебе мой сюрприз? — спросил Розенберг, вернувшись.

— До сих пор отойти не могу. Какой он простой и доступный! Прям, как самый обыкновенный человек.

— По-настоящему сильный человек не нуждается в декорациях.

— Да, согласна. Он сильный.

— Хотя и сказал, что уже боится Гарика Каспарова.

— Да? Это кто такой?

— Помнишь, он играл сеанс одновременной игры с пионерами? Там и запомнил этого мальчика. Как знать? Может и правда, растёт будущий чемпион мира. Тот, который отберёт у него корону.

— Для меня Карпов останется навсегда самым непревзойдённым.

— Хорошо, хорошо. Давай-ка теперь и мы позанимаемся. Садись за стол.

И мы ушли в мир 32 фигур. А через час нас позвали на неизменный чай. В общем-то, я уже привыкла к этим чаепитиям и даже стала принимать их, как должное. Но конечно, даже близко не подозревала, что эти совместные чаепития могли означать что-либо большее.

В общагу я вернулась всё ещё под впечатлением встречи с Карповым. Страшно хотелось рассказать о ней ему, но... Я вздохнула и открыла дверь своей комнаты. Ирка была дома, и я сразу спросила её о Денисе.

— Ответ ещё не пришёл. А к тебе Валерка заходил. Сказал, что ещё зайдёт.

Мы не виделись с Валерой уже четыре месяца, с того дня, когда он захотел сроднить меня со стеной.

— Знаешь, я сама к нему схожу. Давно его не видела.

Валера сидел за столом в прихожей и что-то читал. Увидев меня, встал. Мы поприветствовали друг друга, и я спросила его зачем он ко мне заходил.

— Хотел поговорить с тобой.

— Давай, я слушаю.

— Хорошо. Дома у меня сейчас никого нет. Так что можем спокойно поговорить и здесь. Я... хотел извинения у тебя попросить. За ту сцену, там, у тебя в комнате.

— Брось, Валерка. Конечно, я давно тебя простила. Забудем об этом. Хорошо?

— Спасибо. Но я не только из-за этого заходил. Хотел спросить тебя об одной вещи. Давно хочу спросить. Только ты правду ответь. Обещаешь?

— Конечно! Спрашивай.

— Это правда, или я просто полный дурак, что ты тогда очень хотела, чтобы я тебя ударил? А вернее, чтобы... ну, чтобы я... убил тебя?

Его вопрос меня огорошил. Всё это время он думал об этом и никак не мог успокоиться? И что я должна была ему сказать в ответ?

— Валер, а зачем тебе это? Ведь столько времени уже прошло! Зачем?

— Нужно. Я хочу знать.

— Хорошо. Да. Я очень хотела, чтобы ты меня убил. И разозлилась на тебя за то, что ты этого не сделал.

— Тогда я не ошибся. Ты любишь другого. И как любишь! Теперь — всё. У меня больше нет надежды. Так?

Так вот оно что! Он до сих пор надеялся, ждал и верил? Его чувство меня тронуло до глубины души.

— Кто он?

— Ему 37 лет и мы никогда не будем вместе. Но мне никто кроме него не нужен.

— Я завидую ему.

— А я тебе. Потому что ты будешь счастлив.

И тогда он сказал фразу, которую я запомнила на всю жизнь:

— Я уже счастлив. Потому что мне повезло узнать любовь. А это — очень редкая штука, далеко не всем так везёт в жизни.

(Счастье не в том, чтобы быть любимыми, это — только удовлетворённое самолюбие... Счастье — когда любишь. Thomas Mann).

Значит, он тоже считал и думал, как ты — счастье в том, что полюбил. И не важно сбылась твоя любовь или нет. Главное, полюбил! Да... И мне стало искренне его жаль. И себя. Кроме того, я поняла, что это — наша последняя встреча. И мы в самом деле больше никогда не только не говорили, но и практически не виделись.

— Пригласишь на свадьбу?

— Нет, лучше не надо. Света не поймёт.

— Ты прав, — я встала. — Прости и прощай.

— Ты тоже. И спасибо тебе за всё.

Было чуть грустно, когда я вышла из его комнаты. Но и радостно за Свету. Её любовь победила и почему-то это внушало оптимизм, пусть и ничем неоправданный и вовсе необъяснимый. Но внушало. И ещё — поило веру в будущее.

На следующий день, после занятий, я забежала в курилку, но Ленку там не нашла. Тогда я вспомнила, что Бергера в институте больше нет, а это означало, что ждать ей стало некого...

Резко сузился мой круг общения. Он и так-то был неимоверно узким, а тут... Волжанова была единственным человеком, которого я уважала и с которым могла говорить на равных. Теперь я должна была привыкать жить и без неё. Без него, а теперь — и без неё. Ленка, как первый капустный лист, отпала от кочана. И скоро, очень скоро от него останется только одна кочерыжка, голая, всем ветрам подставленная, ничем и никем незащищённая — я. Но этого ещё не знал никто, потому что бикфордов шнур продолжал гореть...

В тот вечер на репетицию я опоздала. Никак не могла найти здание, где она должна была состояться. А когда открыла дверь, попала в целое море музыки и света. Даже оторопела. Потребовалось время, чтобы прийти в себя и оглядеться.

Это было большое складское помещение, заставленное столами, стульями, какими-то тумбочками, тумбами, ящиками и т.д., и т.п. На столах и стульях была размещена аппаратура, а ребята сидели, кто-где сумел умоститься, и играли какую-то шикарную мелодию. Выше всех на стуле, поставленном пирамидой на столе, сидел Антонов и что-то горячо доказывал чернявому, высокому парню, усиленно жестикулируя обеими руками.

Никто меня не заметил, поэтому я смогла спокойно осмотреться и оценить ситуацию. Обстановка понравилась. Особенно музыка.

Наконец Володя спрыгнул со стула и подошёл:

— Ты опоздала! Я уже волноваться стал.

— Никак не могла вас найти. Да ещё и темно.

Он кивнул и, повернувшись к ребятам, громко крикнул, захлопав в ладоши:

— Тишина! Прошу тишины!

Всё стихло и ребята с любопытством на нас посмотрели.

— Так! Представляю вам нашу солистку. Зовут Тайви. Прошу любить и жаловать. Сегодня работаем с ней. Ясно?

— А она петь-то умеет?

Это спросил парень, с которым только что так оживлённо беседовал Володя.

— Это Витька. Ударник. Самый главный зануда и пройдоха в группе. Терпим, так как другого такого ударника во всём Ленинграде не сыскать. Он это знает, вот и выкаблучивается.

— Дайте-ка мне гитару.

Володя улыбнулся и протянул свою. Я одела её, проверила настрой и запела. Когда закончила, Витька спокойно сказал:

— Уважаю. Толк будет. Можно работать.

И мы начали. Знаешь, я впервые пробовала петь в микрофон, да ещё и под аккомпанемент целого оркестра. Это было и ново, и чудесно. Ново потому, что я совершенно не слышала своего голоса — он уходил куда-то в зал и до меня не доносилось ни звука. Создавалось странное, сбивающее с толку впечатление, будто я открываю рот, но оттуда почему-то ничего не выходит. А чудесно, потому что очень скоро убедилась, какие талантливые ребята здесь собрались, и особенно, сколько недюжиного таланта было в самом Антонове. Ведь он не только написал почти всю музыку, но и стихи. Лишь пару арий из всей оперы принадлежали пианисту, молодому первокурснику. Но слова этих арий всё равно написал Володя. А я два раза была на опере "Орфей и Эвридика", и могу смело утверждать, что то, что делали эти ребята было не только не мельче, но во многих отношениях даже намного глубже и музыкальнее, чем нашумевшая рок-опера.

Впрочем, тема за которую они взялись, и не допускала поверхностности. Она обязывала быть на высоте.

И ещё: я ни разу, ни единого разу, даже мельком, не вспомнила о мире, оставленном за дверями этого помещения. Все три часа была только музыка. Я буквально растворилась в ней и блаженствовала, став её звуками. Помнишь высказывание Баха, что музыка, это — разговор души с Богом?

Когда-то один из великих, не помню кто, сказал, что хотел бы жить с Моцартом, а умереть с Бетховеном. Красиво сказано. Но я бы сказала иначе — без музыки ничего бы не было, ни жизни, ни смерти. Почему? С тех пор, как существует человек, существует музыка. Она всегда была попыткой единения человека со Вселенной, его способ общения с ней, так сказать, форма озвучивания человеческой любви. Только на таком языке с ней можно говорить. Может, это заложенный в музыке ритм? Как в стихах? Полнота и чистота звуков плюс ритм. Как сказано в Библии? Вначале было Слово. Думаю, имеется в виду — ритм. Ведь последние открытия подтвердили, что даже умершую клетку ДНК можно оживить словом — ритмом, чем-то напоминающим белый стих. А если его положить ещё и на музыку?!

Ни для кого не секрет, что на концертах Паганини нередки бывали случаи, когда люди сходили с ума, или даже кончали жизнь самоубийством. Почему? Его музыка приоткрывала людям самих себя, давала мгновенный контакт со Вселенной, и не все могли выдержать этот удар истины. Да, далеко не все. Особенно доставалось тем, у кого совесть была чёрного цвета.

Если у тебя болит душа — сходи на концерт великих мира сего, и ты перестанешь чувствовать себя одиноким. Точно. Надо только уметь услышать.

После репетиции, Володя вызвался проводить меня до метро. Мы не торопясь, с чувством хорошо поработавших людей, пошли по зимней, запорошенной снегом ночной улочке.

— Ты пишешь отличную музыку. И стихи. У тебя настоящий талант. Зачем ты пошёл в военное?

— К сожалению, на стихах и музыке кусок хлеба заработать очень непросто.

— Но ведь у тебя талант, каких мало! Неужели не жалко?

Володя помолчал, прежде чем ответить:

— Знаешь, может быть, когда-нибудь, я и пожалею, что не сделал музыку своей профессией. Но... Было бы ещё ужаснее, если бы я сделал её своим будущим и не смог бы прокормить семью. Проза жизни.

— Я не согласна с тобой. Ведь жизнь даётся только один раз. Только один. И знаешь, что в ней самое страшное? Что потом уже ничего нельзя исправить. По-моему, самое ужасное, что может случиться с человеком, это осознание того, что он прожил не свою жизнь. А тогда — хоть в петлю!

— Какая ты философ! Да только не у всех хватит характера стать на тернистый путь. Куда проще, по вымощенной мостовой. Легче и уверенней.

— Это пока так кажется. Ну, что мостовая широкая и покрыта асфальтом. А потом всё равно... ведь от себя ещё никто и никогда не убегал. Рано или поздно, а сам себя догонишь. И вот тогда, эта самая мостовая, покажется похуже восхождения на Эльбрус. Сорвёшься — сам себя не найдёшь. Тогда-то и взвоешь.

Володя удивлённо посмотрел на меня, но ничего не ответил. Только когда я уже собиралась с ним прощаться, он прервал затянувшееся молчание:

— Знаешь, если бы я имел рядом такого друга как ты, я бы не побоялся стать на любую тропу, даже с шипами.

— У тебя есть такой друг — Алка. Она верный и надёжный товарищ.

— Нет. Она не такая сильная, как ты думаешь.

— Необязательно быть сильной. Главное, чтобы ты не чувствовал себя одиноким и имел надёжный тыл. Разве не так?

— Так. Да только если я брошу военное и пойду петь... — он усмехнулся, — не думаю, что ей разрешили бы ещё со мной встречаться.

Я подумала и вынужденна была с ним согласиться. У Алки никогда не хватило бы духу пойти наперекор своим родителям. Да и захотела бы она связать судьбу с человеком, у которого будущее было бы размыто, как просёлочная дорога после ливня? Ответ на этот вопрос я не нашла.

— Ладно, иди. Следующая репетиция послезавтра, в пятницу, не забудь.

Я кивнула и зашла в метро.

Когда добралась домой было уже очень поздно. Но Ирка не спала.

— Где была?

— На репетиции. Я тебе ещё не рассказывала. Это будет рок-опера, посвящённая Невскому пятачку. Алкин парень, Володя Антонов — и композитор, и певец, и руководитель ансамбля. А какие пишет стихи! А какую музыку! Словом, талант.

— Повезло Алке, -- голос у Ирки был сухой и ломкий.

— Ир, не переживай ты так. Вот увидишь, всё образуется.

— Ничего, осталось три недели ждать. Подожду.

— Почему три?

— Я загадала ждать ответа один месяц.

— А потом? Если его не будет?

Странный взгляд и...:

— Что может быть выше девичьей чести?

Вопрос огорошил. Вовсе не понимая куда она клонит, я честно подумала и ответила:

— Ничего. Вообще, выше чести нет ничего.

— И я так думаю. Значит, если я над ней надругаюсь, тогда и умереть будет делом абсолютно плёвым, практически, незаметным.

Теперь всё стало ясно, и неприятно заморозило под лопатками.

— Ирка, если ты хочешь лишить себя жизни, то совсем необязательно предварительно лишать себя и чести. Согласна?

— Ты ничего не понимаешь. Мне нужен веский предлог, чтобы это сделать. Не так-то это просто, наложить на себя руки.

— А зачем тебе предлог, чтобы накладывать на себя руки? Зачем вообще тебе умирать?

— Ты ничего не понимаешь! Я не могу без него жить! Теперь, тебе понятно?

— Нет. Потому, что если ты не можешь без него жить, зачем ищешь предлог? А если можешь, то зачем создавать его? Видишь, ты сама не знаешь, что говоришь.

— Я главное знаю. То, что ты меня не поймёшь. Тебе на всё наплевать. Живёшь только собой и для себя! Логика, сила и шахматы — вот всё, на что ты молишься!

— Это лучшее, что есть на свете. Но в списке должна стоять и любовь.

— Любовь? Да что ты о ней знаешь? Пару раз поплакала о своём следователе и всё! Забыла! Только разбивать другие пары научилась, а своей любви — и не нюхала! А про Дениса советы мне не давай. Всё равно не поверю. Да и какие советы о любви может дать человек, который сам никого и никогда не любил?!

Мы говорили на разных языках. И стало тошно, так как следующий капустный лист с хрустом оторвался от кочана...

На следующий день, сразу после школы я поехала на Московский вокзал и, выстояв длиннющую очередь, купила билеты на Москву. Сразу же дала тебе телеграмму и, успокоившись, поехала на занятия к Розенбергу.

Дверь открыла его бабушка. Мило пригласив меня пройти в зал, она объяснила, что Гена ещё не вернулся. Его мама тоже мило улыбнулась:

— Геня очень вас хвалит. Говорит, что у вас настоящий талант. У него первая жена совсем не играла в шахматы и видите, ничего не получилось. Разошлись. Мы очень переживали.

Я не понимала логики этих женщин. Причём здесь мой талант и его первая жена? Наверное, это и была та самая женская логика, о которой так много говорят и шутят, и которую никто не в состоянии понять. Разве что, сами женщины. А я себя таковой не считала. Вернее, мозг мой был не женским, это — точно. Поэтому я тоже радушно улыбнулась в ответ и сделала вид, что всё прекрасно понимаю. Но, хоть убей, их намёки до меня не доходили. Ещё нет.

Открылась входная дверь и вошёл румяный, запыхавшийся Розенберг.

— Прекрасно! Ты уже здесь? Ну, проходи, проходи. Все задания выполнила?

Мы зашли в его кабинет и умчались в так сильно мною любимый мир 32 фигур. Ясный, чёткий, бескомпромисный, где каждый получал то, что заслуживал. Впрочем, как и в жизни. Только жизнь — партия настолько длинная и в ней настолько много фигур, что далеко не все могут уследить за её логикой. Да, далеко не все. В том-то вся и штука.

— Кстати, соревнования начинаются в среду. Это на кандидатский балл. А на первенство институтов — в четверг. Так что у тебя практически каждый день будут партии: два раза в неделю на кандидатский балл и ещё два раза — на первенство институтов. Выдержишь такую нагрузку?

— Конечно! Впрочем, на всякий случай, запасусь шоколадными батончиками.

— А, знаешь? Хорошо! Правильно. Самое лучшее средство от бойкота мозга.

Мы рассмеялись. Потом нас позвали пить чай, после которого мы расстались уже до самой среды. Я была готова к бою.

31

Поезд подъезжал к Москве. За окном была слякоть, грязь и голая февральская пустота. Как и в моей душе. Я смотрела на серые, тоскливые здания пригородов столицы, на высотки самого города и думала о том, что если бы мне пришлось выбирать где жить — в Москве или в Ленинграде — я, не задумываясь, выбрала бы Ленинград. Почему? Не знаю. Наверное, он был прав — Ленинград доставался большой болью, а это не забывается и не тускнеет во времени. Да, он был прав.

Поезд остановился, я выскочила на перрон и через секунду обняла тебя.

— Как я рада тебя видеть! Ленк, ты ещё похудела! Тебе это очень идёт.

— А ты тоже изменилась. Стала какая-то... как этот город, холодная и спокойная.

Как всегда, ты читала в моей душе, как в книге.

— Что-то случилось?

— Потом расскажу. Всё расскажу. Но мне не нравится, что ты ходишь без шапки. Всё-таки февраль, так и простудиться можно.

Ты засмеялась и ничего не ответила, и мы направились к метро.

— Что там у тебя с твоим чехом?

— Ничего хорошего, — ты помолчала. — Жаль, что я не смогу вас познакомить. Сегодня его нет в общаге.

— Жаль. Хотела бы на него посмотреть. Знаешь, я теперь тоже могу по фоткам определять кто есть кто. И это совсем несложно.

— Молодец! Видишь, я же говорила, что это почти элементарно!

— Лен, ты любишь его?

— Нет. Мне с ним просто хорошо. А он...

Ты всегда отрицала свою любовь к нему. Всегда. До последнего. И я верила тебе. Но только сегодня понимаю, что это была неправда. Ты просто хотела от него защититься. Что-то очень схожее с моим "Вы" к нему. Да, теперь у меня нет в этом сомнений. А тогда... Тогда не было ни опыта, ни мудрости, чтобы это понять.

В метро говорить было трудно, приходилось всё время орать. И мы замолчали. Продолжили только, когда вышли на улицу и медленным шагом пошли к тебе в общагу.

— Тогда почему ты так переживаешь? Подумаешь, сказал "хочу". Не всё ли равно кто нам говорит "хочу" вместо "люблю"?

— Да, ты права. Бросим этот разговор. Лучше расскажи о себе.

— Лен, у тебя ничего с ним не было?

— Нет, не было. Не волнуйся. Но пару раз поцеловались. И знаешь, от усов щекотно!

Мы рассмеялись. Ноги месили тесто из снега и грязи, лёгкие вдыхали чистый воздух пригорода, а сердца наслаждались близостью.

— Давай, ну? Рассказывай!

Вскоре ты узнала обо всех последних событиях. Даже о рок-опере. Даже о капустных листьях. Как всегда, ты внимательно слушала и ни разу меня не перебила. А когда я закончила, мы уже сидели у тебя дома и пили вкусный, горячий чай с лимоном.

— Теперь понятно, почему ты такая... сжатая. Как скованная льдом.

— Если расслаблюсь, то просто повешусь.

— Нет. Я всегда говорила, что ты — сильная. Сильнее всех, кого я когда-либо встречала в своей жизни. Ну, разве что наша классная тебе не уступит. Ты даже не представляешь, сколько сил я в тебе черпаю. Я не такая. К сожалению.

— Я — шахматист, а ты — художник. Это большая разница.

— Нет. Если бы я была художником, была бы сильной. И наоборот.

Я подумала.

— Тебе плохо потому, что ты не видишь смысла своей жизни. Не всем, далеко не всем этот смысл нужен. Большинство живет каждым днём и вовсе не задумывается над тем, зачем коптит это небо. Простые пустоцветы. Но тебе он нужен. И если бы ты не расставалась с карандашом, ты бы думала только о чистых листах бумаги, которые тебя ждут. И нашла бы его.

— Да. Но я — несильная. Чтобы заняться всерьёз рисованием, надо полностью поменять жизнь.

— Нет. Всё можно совместить. Всё. Но ты права, нужна сила. А её никогда не будет, если заранее повесишь себе на шею жалкую табличку — "Я — слабый" и распишешься под ней.

— Ты стала жёсткой. И... да, взрослой. Очень взрослой.

— Знаешь, мы ходили на танцы в универ. Там играл молодой ВИА со странным названием: "Машина времени". Так, одна из новых групп. Мало кому они понравились. Почти все разошлись. Потому что эта группа вовсе не для танцулек. У них отличные слова песен. Я запомнила одну строчку: "Хоть кого состарят боль и страх."

— Здорово! Ах, как хорошо сказано. Молодцы. Послушать бы их.

— Лен, ты должна приспособиться к этой жизни. Должна. Иначе тебе не жить.

— Не хочу приспосабливаться. Не хочу! Не буду сереть, как все, чтобы выжить. Не хочу! И не буду!

— Тогда стань сильной! Как скала! И возьми в руки свою судьбу! Карандаш — вот твоя судьба, понимаешь? Вспомни Андрея Рублёва!

Ты долго молчала.

— А твой смысл жизни в чём?

— Я люблю его. Вот всё, что я знаю.

—Знаешь, я вот что сейчас подумала. Человек может считать себя состоявшимся только если полюбил. Только тогда он начинает говорить со Вселенной. И только тогда он не зря жил. И знаешь почему? Потому, что когда любишь — творишь.

— Я ничего не творю. Только мучаюсь, -- возразила я.

— Нет, ты не поняла. Когда человек любит, он имеет особое биополе, которым влияет на всех окружающих его людей. Понимаешь? Действует на них, меняет судьбу, мысли, мировоззрение. Творит их, понимаешь? Даёт им возможность тоже услышать Вселенную. Лечит от глухоты! И потом, те, кто любят по третьей степени, обязательно начинают творить и в том смысле, который вкладываешь в это слово ты. То есть, искусство. Все великие любили и творили. И влияли на людей.

И я вспомнила Паганини, Бетховена и капустные листы.

— Тогда мои подруги как бы заражаются мною?

— Да, конечно! Это же нормально. У тебя огромное биополе и, волей-неволей, ты действуешь на всех, кто подходит к тебе близко.

— Но они же меня не слышат!

— Это уже их проблемы, не твои. Ты даёшь возможность услышать, а если они остаются глухими — не твоя печаль. И потом, я уверена, что кое-кто всё-таки слышит. Или позже услышит, когда жизнь по темечку ударит.

— Точно! Знаешь, в стройотряде, я свела двоих, Юрку и Юльку. Она в него была влюблена, а он её в упор не видел. Так они недавно поженились! А очень многие пары просто разбила. Помешала будущим детям остаться без отцов.

— Вот видишь! А когда ты вернулась в стройотряд? Помнишь, какое сонное царство там нашла? Не стало тебя — и всё заснуло. От горячего гейзера остались только высыхающие лужи. Разве не так? А если ещё подумаешь, обязательно найдёшь и другие подтверждения моим словам. И потом, любовь, такая любовь, даёт силу. Большую силу. Если бы меня так полюбили...

— Полюбят. Обязательно полюбят. Всему свой срок.

— Сомневаюсь. Думаю, что мне этого не дано.

— Нет. Просто ты хочешь сразу, сию минуту, а так не бывает. И потом... Знаешь, иметь такую любовь, как у меня... Тут не только силу надо иметь, тут и выносливость нужна. Да. Иначе, сломаешься и исчезнешь.

Мы помолчали.

— Знаешь, Лен, я вот о чём всё думаю. Ну зачем мне всё это? Мне-то это зачем? Зачем? Неужели столько мук впустую? Любовь должна иметь смысл. Хоть какой-то смысл. А тут...

— Пожалуй, единственное, что вовсе не должно иметь смысла и логики — это как раз любовь. Иначе она не была бы любовью. Разве Христос любил нас, человеков, для чего-то? С каким-то умыслом? С какой-то целью?

— Понимаю, всё понимаю. И всё же... Ведь всё, абсолютно всё должно иметь смысл. Нет ничего во Вселенной без логики, без цели.

— Смысл любви в её Бессмертии. Это — как проходной билет к Вселенной. Понимаешь?.

— Значит, ты веришь, что после смерти что-то есть?

— Да. Иначе — бессмыслица. Полный абсурд.

— Нет. В это я не могу поверить. Не могу.

— Сила твоя в том, что ты хорошо играешь в шахматы. Это как целых две точки опоры — реальность и логика. Устойчивая база, стоя на которой, ты будешь задавать себе вопросы. И, хочешь-не хочешь, но когда-нибудь согласишься со мной. Вот увидишь.

— С тех пор, как стоит мир, люди пытаются найти ответ на этот вопрос — есть ли что-то после смерти. И до сих пор никто не нашёл однозначного ответа. Только не будем говорить о религиях. Я их отрицаю. Все.

— Я тоже. Хотя... Знаешь, думаю, что религии служат как бы компасом к пониманию мира и самих себя. Ведь не каждый же может разговаривать со Вселенной. Не у всех для этого есть достаточный умственный потенциал. Для них-то и нужны, так сказать, учебники.

— Хочешь сказать, что религии — это как алфавит? Изучаешь буквы, которыми сможешь прочитать книгу жизни?

— Отличное сравнение. Именно так! Людям даётся знание алфавита, а уж что они там прочитают, находится в прямой зависимости от их собственного интеллекта. Но зато каждый, абсолютно каждый, находит себе искомый ответ. Но в строгом соответствии с уровнем задаваемого вопроса.

— Согласна. Как говорится, каков вопрос — таков и ответ. Но всё-равно не могу поверить в загробную жизнь. Это — смешно.

— Это тебе пока смешно. Но придёт время... Ладно, не будем об этом.

— Лена, я буду думать об этом. И в библиотеках, если надо, засяду, но найду ясность. Потому что здесь зарыты и ответы на самые главные мои вопросы — зачем я, зачем все мы и зачем любим. Если не найду — не смогу жить. Помнишь, в школе я увлекалась теорией относительности Эйнштейна и физикой элементарных частиц? Так вот, ещё тогда мне не верилось, что скорость света — предельная скорость. И знаешь почему? Потому что шло вразрез со всеми представлениями о Вселенной, о космосе. Где нет пределов — не может быть пределов. Понимаешь? Но кому бы я об этом ни говорила, — или отмахивались, или не верили. Потому что люди не могут осознать беспределье. А раз не могут, значит и не хотят. Ведь Ейнштейн прав, но только относительно земного, граничного мира, потому что даже если он помчится с релятивистской скоростью, он всё равно останется ограниченным.

— Это ты к чему?

— А вот к чему. Мы живём в мире границ, где всегда есть начало и конец. Рождение и смерть — часть этих границ. Чтобы признать отсутствие смерти надо сначала признать, что наш ограниченный мир является частью мира бесконечности. Тогда смерть будет только переходом из одного состояния в другое, из мира пределов в мир беспределья.

— Но ведь это же и так ясно! Земля является частью Вселенной! Не будешь же ты это отрицать!

— Да, это — не буду, но... Это планета Земля является частью Вселенной, а кто мне докажет, что и то, что на ней барахтается, является нужной частью Вселенной, а не просто ошибкой природы, так сказать, её тупиковой ветвью? Более того, вредной ветвью, так как Земля прекрасно просуществовала бы без человека, ей было бы даже намно-ого лучше и здоровее без нас. Да и Вселенной тоже. Меньше риска, что взорвём какое-нибудь звёздное скопление.

— Подожди, ты согласна, что мозг — это энергия?

— Знаю, куда ты клонишь. Уже думала об этом. Это пока мозг работает, питается кровью, кислородом, протеинами и т.д., словом, пока его оболочка фунционирует, да, это — энергия. Но вот когда его обесточат, прости, он уже не мозг, а гниющая материя. Значит, и энергии никакой больше нет. Поэтому и закон сохранения здесь будет ни при чём.

— С тобой трудно спорить. Мне не хватает твоей логики.

— А мне — знаний. Не всё так ясно и просто, как я тут тебе описала. Многое непонятно. Например, мозг, пока живой — даёт энергию. Куда она уходит?

Кем она востребована и востребована ли она кем-то? Потом, моё отрицание случайности. Да и не только моё. Ведь даже в Библии сказано, что ни один волос не упадёт с головы человека без ведома и согласия на то Господа Бога. А если отрицать случайность, то мы на земле — не случай, а часть заданной кем-то и зачем-то программы. А тогда и смерть — тоже часть продуманного плана. Но плана на что? А умение предвидеть? А интуиция? А невозможность изменить судьбоносный момент, например, ту же смерть или катастрофу? Ведь ты же читала про ясновидящую Вангу? А сила мысли? А сила любви? Да даже те самые саженцы, которые погибли, помнишь? Откуда они знали ответ на Валеркин вопрос? А Иисус? Ведь что бы там ни говорили, а дыма без огня не бывает. Значит, такой человек жил и творил свои деяния, описанные в Библии. Творил чудеса, несовместимые с материальным миром. Значит, духовный мир существует? А он неподвластен материальной смерти.

— Да, куча вопросов, ответы на которые отрицают друг друга. И я не могу тебе помочь в них разобраться. Но уверена, что ты уже близка к разгадке. Не хватает одного-единственного звена, которое легко и просто соединило бы все эти вопросы и ответы в одну строгую и логичную цепь.

— Я тоже так думаю. Но пока этого звена у меня нет. Буду искать и обязательно найду. И чувствую, что разгадка должна быть связана с любовью. Но как — не знаю.

— Это не удивительно. Ведь Бог — это любовь. Познаешь любовь, познаешь Бога. А познаешь Бога, найдёшь и смысл мироздания, и нас в нём.

— И смысл твоего существования тоже.

— Может быть. Только для себя я уже всё решила.

— Что именно?

— Что на этой земле я — случайный человек.

Страх, будто живое существо, коснулся моего виска. Опять подумалось, как важно в критический момент найти единственные слова, которые могут пробить любую тьму отчаяния. Мозг лихорадочно искал их и не находил, а ты выжидательно, с надеждой смотрела мне в глаза. И я сдалась.

— Ленка, ты ждёшь от меня убедительных слов, которыми я смогла бы доказать тебе, что твоё присутствие на земле не случайно. Нет у меня таких слов. Единственное, что могу повторить, — я не верю в случайности. Это — аксиома жизни. И значит, твоя жизнь тоже кому-то и зачем-то нужна.

— А моя смерть? Может быть, она даже нужнее, чем моя жизнь.

— Да, может быть, но только, если она решена не тобой, а Вселенной.

— Если мы — не тупиковая ветвь. И если мы барахтаемся на Земле по воле и с согласия мира Бесконечности и Вечности. А этого ты мне не можешь доказать.

Я замолчала. Ты встала, залезла в холодильник, достала оттуда кастрюлю с борщём и вышла на кухню, чтобы поставить её согреть. А я сидела и думала, как тебя остановить. Нет, я не верила, что ты всерьёз решила больше не жить. Нет. Просто боялась, что это может случиться и жёстко мучила свои мозги, ища ответа. Когда ты вернулась, я сказала:

— Ленка! Дай мне время, а? Подожди, пока найду ответы. Обязательно найду! И тогда мы всё с тобой решим. Пойми хотя бы одно — твоя жизнь нужна мне. Неужели этого мало? Помнишь, как он сказал, что мы с тобой — из одного пространства? Летим по нему с одинаковой скоростью в 300 тыс. км в секунду и поэтому все остальные люди для нас — только неразличимая пятнистая масса. Если ты исчезнешь, я останусь одна. Навсегда.

— У тебя есть он.

— И его не будет, если не станет тебя.

— Почему?

— Потому что не будет больше меня. Это — точно.

— Если будет он, то он найдёт и вновь вернёт тебя тебе.

— Ты веришь в то, что говоришь?

— Да. Но понимаю, что это будет стоить огромной крови. И тебе, и ему. Ладно. Я поняла тебя. И постараюсь об этом не забывать. А теперь давай пообедаем, а то уже поздно, почти два часа, и я очень хочу есть.

Ты встала и ушла за кастрюлей на кухню. А страх за тебя не только не уменьшился, но даже вырос и окреп, и я не знала, как его уничтожить. Сил у меня на это не было.

Мы пообедали, болтая о всяческой студенческой чепухе. Потом ты принесла гитару и попросила спеть. Я с удовольствием исполнила твою просьбу, но пружина страха так и не распрямилась. Ты слушала, почти отсутствуя, летая где-то в своём, далёком, недосягаемом мире, и мне казалось, что даже мне нет в нём места.

— Ленка, давай ты будешь каждый день рисовать какой-нибудь рисунок. Ну, как бы воплощать в жизнь каждую свою мысль. А когда мы будем встречаться, я буду их рассматривать и отгадывать. А? Я на свои мысли пишу музыку, а ты будешь петь карандашом. Как? Нравится тебе моя идея?

Ты удивилась и весело рассмеялась.

— Ну, тогда в моих рисунках будет такая абракадабра!

— Ага, как в твоей голове! Впрочем, как и в моей. Ведь с кем поведёшься...

И мы опять рассмеялись. А потом ты спросила, резко, без перехода:

— Трудно было оторваться от него? Уйти на бреющий полёт?

Мне потребовалось несколько секунд, чтобы суметь ответить.

— Да. Даже думала, что не смогу. Я — и что-то не смогу! Ужас! Казалось, что теряю все ориентиры. Мысленно говорила с тобой. И ты сказала, что веришь в меня, в мою силу. Видишь? Даже мысленно ты мне помогаешь.

— Знаешь, ты в самом деле его любишь. Иначе просто плюнула бы на всё и зажила сегодняшним

днём. Как очень и очень многие. Да, — ты помолчала.
— Вот что я хочу тебе сказать. Никогда не теряй веру в любовь. Никогда. Чтобы ни случилось — верь. И тогда обязательно победишь. И найдёшь ответы на все твои вопросы.

— И расскажу их тебе. Да?

Но ты не ответила.

— Когда у тебя поезд? Давай погуляем. Погода хорошая, не холодно. Надоело дома сидеть. Не возражаешь?

Я поддержала, и через несколько минут мы уже шли к метро, намереваясь поехать на Красную площадь. Я не знала тогда, что это была наша предпоследняя встреча.

Мы отлично погуляли. Помню, как ты шутила и раскрепощённо смеялась, а у меня всё-равно не проходило ощущение подступающей беды. Прочно засела и не выходила из головы фраза, что это был пир во время чумы. Да, именно так — пир во время неотвратно наступающей, безжалостной чумы судьбы.

Возле поезда ты сказала:

— Не переживай за Ольгу. Она всегда любила только себя. Эгоизм ей поможет лучше всяких сочувствий.

— Ты говоришь, как он. Но он добавил, что, в порыве, она может натворить нехороших дел. В порыве.

— Может он и прав. Последи за ней.

— Да, постараюсь. Как и за Иркой.

— Да, твоя Ирка мне внушает значительно больше опасений, чем Ольга. Ира любит. Так, как может, но любит. И не себя, а того парня. Она, если что и сделает, то не в порыве, а обдуманно. Это намного страшнее, — ты подумала, и неожиданно спросила. — А скажи, та девушка, что выбросилась из окна на твоих глазах, что ты о ней узнала?

— Ей было 19 лет. Работала на какой-то кафедре лаборанткой. Встречалась с одним женатым кандидатом наук, с нашего же института. Сделал её беременной, а когда она ему об этом сказала, послал её на три буквы. И она тут же выпрыгнула с шестого этажа.

— Я так и думала. Это — порыв. Если бы кто-то её в тот миг удержал, она бы никогда больше этого не повторила. Точно. А скажи, ты осуждаешь того мужика?

— Конечно! Сволочь, каких ещё поискать! А что?

— Нет, ты подумай, прежде, чем ответить.

Я знала, что ты никогда и ничего не говорила просто так. Задумалась. И удивилась выводу, к которому пришла:

— Ты права. Он здесь ни при чём. Это она во всём виновата.

— Точно. Твой тоже всю жизнь был сволочью, каких поискать. Разве не так? Поговори о нём со всеми женщинами, а точнее, бабами, с которыми он приятно проводил время. Такое о нём услышала бы!

— Получается, что мужчина такой, каким его делает женщина. Но почему?

— Женское начало. Помнишь? Даже Адам пошёл на поводу у Евы. Начало начал.

— Да, согласна. Но тогда как важно, чтобы женщины были женщинами, а не бабами или, что ещё хуже, просто самками! Ведь, в итоге, страдают дети. И всё возвращается по кругу. Без конца. Подумай, сколько несчастья на земле только потому, что женщины не поняли главного — во всех их бедах и бедах их семей виноваты только они сами! Надо бы уже в яслях обучать девочек быть женщинами! Почему никто до сих пор до этого не догрёб?

— То, что лежит под носом, плохо видно. Вот почему. Но я не об этом. Помнишь, я написала тебе, что я недостойна услышать слово "люблю"?

— Да, помню. Но...

Ты перебила:

— Это именно так. Я — не женщина. Я просто слабый птенец, выпорхнувший из гнезда и решивший, что может летать. Всё просто.

— Ленка, все птенцы вырастают. Только кто-то из них становится курицей, а кто-то — лебедем. Дай только срок — и полетишь. Лебедем. Я уверена в этом.

Ты задумалась. А когда ты так отключалась, я всегда чувствовала, что ты уходишь в свой мир, мир, где было место только для тебя одной. Как ты сама же сказала в одном из твоих стихов: "Мой мир, он только мой..." Ты очнулась и сказала:

— Договорились, не переживай. Слушай, приезжай ко мне на день твоего рождения. Приедешь?

— Ой! Давай! Это было бы так здорово!

— Не передумаешь? Приедешь?

— Конечно! Но ты всё равно пиши, не пропадай, ладно?

— Ладно. Ты тоже пиши, не забывай меня.

— Я никогда тебя не забываю. Помни об этом. Обещаешь?

Ты обняла меня. Мы поцеловались, я села в вагон и махнула тебе рукой. Поезд тронулся, и что-то сильно сжалось в груди. До влаги в глазах.

Я возвращалась в Ленинград. И думала о том, что поездка моя оказалась безрезультатной. Я проиграла, ибо ничего не смогла ни изменить, ни решить. И с обречённостью приговорённого думала о том, что если кто-то из нас и был птенцом, то только я. Куцым, неоперившимся птенцом, возомнившим себя могучим орлом. И поняла, что сил у меня было вовсе не так много, как ты себе это представляла. И с каждым днём — нет, часом, минутой! — прожитыми без него, их становилось всё меньше и меньше. А на сердце всё суше, всё холоднее и пустыннее. Я просто превращалась в рептилию. А чтобы тебе помочь, чтобы дать разгон крови в твоих остывших венах, надо было гореть так, чтобы хватило этого огня на нас обеих. А такое пламя мог зажечь во мне только он, тот, который жил на другой планете...

И я взвыла от безысходности тупика, в который загнала меня жизнь.

32

Ленинград встретил тифоном и жестоким морозом. И чётким строем телефонов-автоматов. Мысль, что только пять дней назад я сидела в тёплой кровати и пила приготовленный им кофе, резанула ещё сильнее, чем этот безжалостный, остервеневший ветер.

Несколько секунд я справлялась с нервами. Потом прошла на эскалатор. А через полтора часа уже сидела на лекции, усиленно пытаясь сконцентрироваться на том, о чём говорил преподаватель.

После занятий я забежала в курилку со слабой надеждой найти там Ленку. Но всуе. Тогда спустилась в столовку, пообедала и пошла домой.

Лепова лежала на кровати и читала книгу. Неожиданно у нас завязалась интересная беседа. Но тогда у меня даже подозрения не промелькнуло, к каким последствиям она приведёт. Началась она с вопроса о моей поездке.

— Я ничем не могу ей помочь. Ничем.

— Не удивительно. Ты прекрасно умеешь только разрушать.

— А ты? Ты умеешь строить?

— А я и не говорю, что умею. Но во всяком случае, ничего и не разрушаю.

— Чтобы построить, нужно обязательно сначала разрушить. Новое — на месте старого. А кто ничего не ломает — ничего и не строит. Разве не так?

— Нет, не так, потому что можно строить и рядом, а не вместо.

— Рядом — это когда место есть. А значительно чаще места-то и нет. Например, знаменитый треугольник, или ложь и правда, смерть и жизнь. Они не могут быть рядом, они взаимоисключают друг друга. В истории, например, как правило, строят новое вместо старого, а не рядом с ним.

Капиталисты-коммунисты, одна религия вместо другой и т.д.

— Да, но я считаю, что было бы значительно умнее и правильнее дать жизнь и старому и новому, вместе, тем самым не отбирая право выбора. Всегда должен быть выбор. Иначе это — диктат.

— Согласна, но выбор требует всегда много времени, а все хотят сразу и полностью. Поэтому и разрушают.

— А ты почему разрушаешь? Тебе-то что надо было от тех пар сразу и полностью?

— Правду. Сразу и любой ценой.

— А как же святая ложь?

— Да. Признаю. Но это — только исключение из правил. Только для лежачих. А таковых — мизерное меньшинство. В основном — только делающие вид, что они лежачие. Позёрство. Чтобы так чувствовать, надо иметь душу соответствующей глубины, а таких — днём с огнём не найти! И потом, такое чувство я бы не смогла разрушить, ничего бы не получилось.

— Так-так! Значит, если я правильно поняла, ты имеешь право судить лежачий перед тобой человек, или только притворяется таковым?

— Да. И знаю, что не ошибусь.

— Хорошо. Тогда как ты расцениваешь меня? Я — лежачая?

— Моя Ленка — лежачая. Ты — нет.

— Значит, ты не веришь, что я могу с собой что-то сделать?

— Нет. Всерьёз — нет. Только показуха.

Ирка как-то странно на меня посмотрела и замолчала. А я добавила:

— Я даже не верю, что ты любишь Дениса.

— Почему?

— Если ты смогла поверить в такую гадость... не искала никакого другого объяснения! И, прости, но тут в любом случае даже не пахнет любовью. Если он попал в такую мерзкую грязь, то как можно любить такого человека? А если нет — то как ты могла в это поверить?

— Смотрите-смотрите, кто заговорил о любви! Знаешь, лучше бы ты туда не лезла. Даже понятия не имеешь, что такое любить. Ясно?

Мне вдруг сильно захотелось ей всё рассказать, но... не рассказывай кочевнику о горах, а горцам о степи... И я сдержалась.

— Ладно, не будем больше об этом. У меня нет никакого желания ссориться. Да, забыла сказать. К тебе парень Алки вчера забегал, сказал, что сегодня вечером будет очередная репетиция. И как ты будешь везде успевать?

— Ничего, успею. Ладно, тогда я пошла. Пока доберусь...

Я оделась и вышла из общаги.

Все последующие дни были сплошной гонкой по вертикали. Не было времени не только остановиться, но даже вздохнуть. Днём был институт, потом шахматы, по ночам домашние задания, а по вторникам и субботам — репетиции. Я превратилась в загнанную лошадь, но — живую лошадь. Жила для подруг и шахмат, для музыки и института, и не было ни минуты, чтобы остановиться и ощутить всё возрастающую и всё во мне разъедающую тоску по нём.

Тогда я не задумывалась, что сценарий практически повторялся. Почти год назад я точно так же исчезла, подчинившись необходимости борьбы за право жить своей жизнью. Но как только меня сняли с передовой... Да, сейчас был точно такой же бешеный бег по событиям. Но любая гонка когда-нибудь кончается. Тогда-то и настигает тебя так долго ждавшая своего часа лавина собственного "я". И очень мало кто не ломается под ней...

Не буду описывать почти целый месяц этой сумасшедшей скачки, а продолжу мой рассказ со дня 8-го марта.

В дверь постучались. Раз стучатся, значит, — мужчина. На моё "Да!", дверь распахнулась и на пороге показался...

— Кокошкин!!!

Я вскочила и бросилась ему на шею.

— Вот-вот! Так и думал, что рискую здесь быть задушенным, поэтому цветы предусмотрительно спрятал за дверь.

Он дал себя вволю потискать. А освободившись, открыл дверь и вытащил неизвестно откуда три огромные красные гвоздики.

— Поздравляю. Надеюсь, что я — первый!

— Первый, первый! Как я тебе рада! Ты совсем пропал.

— Как видишь, не пропал и даже чай принёс. Где Ирка?

— С утра куда-то умотала. Свадьба у её подруги Наташки намечается, где-то через три недели, так она всё платье себе ищет. Свидетельницей будет. Но сегодня все магазины закрыты, так что не представляю, куда она могла слинять.

— Сочувствую Ирке и её подруге. Но по разным причинам. Ладно, давай ставь чайник. А то уже три часа, а я — ни в одном глазу!

Я рассмеялась и побежала на кухню. Когда вернулась, стол уже был накрыт. Оказывается, Серёга притащил ещё и знаменитые бублики.

— Ну, рассказывай про своё житьё-бытьё.

— Осталось шесть партий. Если наберу три очка — у меня второй кандидатский балл! И в рок-опере участвую, солисткой. Вот!

И пришлось подробно рассказать ему и про оперу, и про шахматы. Когда закончила, Серёжка попросился на премьеру.

— Отлично! Буду рада, если ты придёшь. Только мы там не увидимся.

— Ничего, после оперы увидимся. Подожду тебя.

Я замялась. Мне не хотелось ему говорить про него. Но он почувствовал:

— А, понял. Там будет твой... ну, в общем, понятно. Значит, помирились? Да... Но на премьеру я обязательно схожу.

Я чмокнула его в щёчку и побежала за чайником. Потом мы долго болтали, блаженно смакуя чай по-кокошкински.

— Ты про себя расскажи! Как у тебя? Не женился ещё?

— Женюсь, но только после тебя. А так всё по-старому. Это у тебя всегда куча событий. Лучше ты рассказывай. Как, например, твоя московская подруга поживает?

И я всё ему рассказала. Так была рада, так была рада, что хоть кто-то захотел меня выслушать, разделить со мной мой груз! Готова была не умолкать часами! А Серёжка внимательно слушал, не перебивал, и у меня становилось всё теплее и спокойнее на душе.

— Нет, я не думаю, что она серьёзно может с собой что-то сделать. Это не так-то просто — наложить на себя руки. И потом, скоро весна, а такие дела чаще всего делают, когда мерзко не только на душе, но и на улице.

Как меня обрадовали его слова! Ну, прям, как тонну тяжести сняли с плеч! И не потому, что я в них поверила. Нет. Просто мне очень хотелось в них поверить. Очень. И я с закрытыми глазами отдалась в их власть.

Знаешь, теперь, по прошествии стольких лет, я прекрасно понимаю свою реакцию. Понимаю, что это была просто необходимая защита — островок покоя среди собственного бессилия, осознания неотвратности беды, столбняка мыслей и чувств, издёрганных непрекращающейся жаждой его тепла. И я жизненно нуждалась в этой паузе. И с раскрытыми объятиями, без вопросов и сомнений бросилась ей навстречу.

— Да? Ты, правда, так думаешь?

— Конечно! Я хоть и не специалист по самоубийцам, но на свои мозги ещё никогда не жаловался!

— Ой, как здорово, что ты так думаешь! Так успокоил! А то я тут, со всеми этими сумасшедшими, скоро и сама в психушку попаду.

— А кто ещё собрался в землю ложиться?

И я рассказала ему и про Ирку, и про Ольку.

— Да, с тобой не соскучишься, — Серёга почесал затылок и вдруг спросил. — Слушай, а не от тебя ли они тут все перезаразились? Только, учитывая разницу в силах характеров, переносят твою болезнь более тяжко, чем ты, а?

Я просто рот открыла:

— Значит, и ты так считаешь? Вот это да! Знаешь, я уже и сама так думала. И Ленка со мной согласилась.

— Я рад, что моё мнение встречает такую поддержку. Поэтому предлагаю запереть тебя в зоопарк и показывать посетителям как особо-необъяснимо-опасное явление. Да, и табличку написать: "Опасно! Так делать нельзя!"

Я рассмеялась:

— Нет, ты вовсе не изменился. С тобой невозможно говорить серьёзно!

— Жизнь такая суръёзная штука, что если ещё и я стану букой, то люди вообще на Луну сбегут! А мне одному на земле станет очень скучно.

И мы опять расхохотались. Я была невозможно ему благодарна.

Ещё долго мы болтали, пили его бесконечный чай и только когда Кокошкин собрался уходить, отказавшись остаться на танцевальный вечер, я попросила:

— Не пропадай, ладно?

— Я был очень рад тебя увидеть. И... рад, что у тебя всё наладилось с твоим, ну, знаешь. Но не могу приходить чаще. Пока не могу ещё, понимаешь меня?

Я кивнула. Куда уж яснее?!

— Но появляться обязательно буду. Слово Кокошкина. По рукам?

Он ушёл. А я ещё раз подумала, что если бы мы встретились раньше, до него, всё у нас могло бы сложиться иначе. Потом проверила эту мысль и отрицательно покачала головой. Нет, даже в этом случае, я не смогла бы его не почувствовать, не увидеть. Если это — любовь, никуда от неё не уйдёшь и нигде не спрячешься. Рано или поздно, она тебя догонит и проглотит целиком, всего, без остатка. Судьба...

Потом были ещё две с половиной недели беспрерывного напряжения всех сил, нервов и мыслей. И я получила свою викторию. Твёрдую и уверенную, или, как говорят спортсмены, "с запасом", потому что последнюю партию могла вообще не играть — набранных очков с лихвой хватало на мой вожделенный второй кандидатский балл.

Но спорт есть спорт, и я выиграла и его, мой последний поединок. А когда противница остановила часы, тут же, что-то сильное и мощное, так долго и уверенно державшее меня в жёсткой узде, резко, вдруг, отбросило свои поводья, и я пошатнулась от удара мгновенно нахлынувшей на меня пустоты. Всё. Война закончилась. Передовая стала тылом. И я ужаснулась ожидавшему меня завтрашнему дню — дню телефонных автоматов...

Домой не хотелось. Мы с Алкой, не торопясь, шли по полузаснувшей, ничуть не потеплевшей, несмотря на конец марта, улице. Болтали о только что закончившихся соревнованиях. До нормы второго кандидатского балла ей не хватило только одного очка, но она не унывала. Вообще, Алку трудно было представить в унынии:

— Ничего, вот увидишь, осенью догоню тебя и перегоню!

— Давай, а то тоскливо будет играть одной на кандидата. Вдвоём веселее.

— Обязательно! Ну, рассказывай, как там на репетициях, нравится? Володя говорит, что ты молодец, и что вы уже почти готовы к выступлению.

— Должны быть готовы, ведь в конце апреля — премьера. А это — всего через восемь-девять репетиций.

— Ой, как скоро! Я и не думала. Как быстро летит время! А что ты скажешь о Володе? Правда он — просто прелесть?

— Да, мне он понравился. У вас всё хорошо?

—Ой, даже думать об этом боюсь. Всё — как в сказке, или в кино, или в хороших романах, ну, тех, где всё хорошо кончается. Не люблю, когда плохо кончается. А ты?

— Я тоже. В жизни так часто плохо кончается, что если ещё и в книгах читать про сплошной траур, то вообще жить не захочется.

— Точно! А как там Ирка? Я её сто лет уже не видела. Как у неё с Денисом?

И я посвятила её в курс последних событий. С тех пор, как Алка стала встречаться с Володей, она или сидела дома на телефоне, или бежала к нему на свидание. Поэтому мы с ней почти не виделись, за исключением коротких встреч в курилке шахматного клуба.

— И до сих пор от Дениса ни строчки. Ирка серая ходит, почти не разговаривает. А сегодня пошла на свадьбу. Подруга её замуж выходит. Может, отвлечётся немного.

— Да, ну и дела! А что, ты тоже так думаешь, ну, что Денис болезнь подхватил?

— Алк! Ну, я же совсем его не знаю! Но если она в это поверила... Вот скажи, ты бы подумала так о своём Володьке, если бы он такое письмо написал?

Алка задумалась, а потом отрицательно помотала головой.

— Ни за что! Я бы написала ему и потребовала бы объяснений. А если бы он не ответил, то написала бы ещё и попросила бы встречи. Во имя нашей любви.

— А если бы он и тогда не ответил?

— Ну, я бы поняла, что он меня разлюбил.

— И тогда?

— А что тогда? Не вешаться же! Страшно даже подумать, но... ну, не убивать же себя из-за мужика!

— А как же Джульетта и Ромео? Дураки?

Алка явно была сбита с толку. Она долго колебалась прежде, чем ответить:

— С тобой о чём-то говорить — вечно загонишь в угол. Наверняка играешь в шахматы лучше меня, — она помолчала. — Не знаю, что ответить. Может и бывает такая любовь. Только это — не для меня. Не может у меня случиться такой ужас. И потом, я слишком люблю себя. Больше, чем любого, самого золотого мужика. И думаю, что это самое правильное.

Да, Алка не изменилась. Даже влюблённая, оставалась такой же уверенно-оптимистично-слепой. Хорошо, если она не оборвёт себе крылья, не шмякнется о землю, не истечёт радостью жизни досуха. Ведь смерть бывает разная. Посмотри, оглянись вокруг, и ты увидишь, сколько людей, уже давно умерших, но так и не погребённых, спокойно ходят по земле, разговаривают, смеются, рожают детей и даже не подозревают, что они уже давно изгнили заживо!

(Сколько людей, напоминающих вопросительные знаки! Смотришь на них и не знаешь, зачем они появились на свет? — еврейская народная мудрость. Пусть мёртвые хоронят своих мёртвых. Библия).

В общагу я вернулась около полуночи. Ирки, естественно, не было. Поужинав, легла спать. А утром почувствовала лёгкое волнение — Ирка не возвратилась. Я недоумённо смотрела на её нетронутую кровать и никак не могла понять, где же она могла так застрять, ведь ни один ресторан не работает круглосуточно.

Так и не найдя никакого, более-менее логичного объяснения, я позавтракала и вышла из общаги. И тут же столкнулась глазами с тем самым, так часто мною востребованным, дежурным телефоном-автоматом. Остановилась, подошла к нему и тяжко, на выдохе, прислонилась к его холодной кабине.

Текли минуты, грустно падал редкий снег, бежали мимо прохожие, беспросветно-серо давил зимний купол, когда-то называемый небом, а я никак не могла от неё оторваться...

Мысли, споря друг с другом, жёстко забили по душе. Я, изнывая от надежды, терпеливо ждала своего приговора: за кем останется победа — за голодным, измученным сердцем, или за холодным, строго логичным мозгом.

— Пройди мимо.

— Не могу.

— Можешь. Ещё — можешь.

— Нет. Не могу. Полтора месяца. Хватит. Не могу я больше!

— Можешь! Всё можешь! Не срок!

— А когда же он придёт, этот срок? Когда?!

— Когда в самом деле уже не сможешь. Когда даже думать не будешь, звонить или нет. Когда ринешься к телефону, как нарваная, как за спасением, без слов, без мыслей, без сомнений. Только тогда! Как и договаривались. Помнишь своё слово? Тогда — иди.

— А он? Ему-то каково?

— Именно! Поэтому — иди. Не трогай его. Дай ему жить.

И я, на вдохе оттолкнувшись от кабинки, поплелась в институт. Только тогда заметила, как мокро было у меня в глазах.

Ира не пришла и на занятия. Лёгкое волнение, щедро приправленное недоумением, стало перерастать в тревогу. Но потом я догадалась, что после целой ночи гулянки, Ирка, вернувшись домой, наверняка преспокойненько улеглась спать. Точно! И тревога сразу же затихла.

В тот день мне повезло — после занятий я застала Волжанову в курилке. Каждый день, уже скорее по привычке, чем надеясь, я забегала туда после лекций, но до сих пор так её и не видела. Впрочем, как оказалось, она опять ждала Бергера. Он должен был зайти в институт за какими-то бумагами, и они договорились встретиться в курилке.

Ленка отсутствующе со мной поздоровалась и больше не отрывала глаз от входа. Да, этот капустный лист уже окончательно оторвался и стал неотвратимо, безостановочно подсыхать. Я встала и, попрощавшись, ушла.

Пообедав, я вернулась в общагу. И сразу, толчком, ударило беспокойство — Ирки не было. Её кровать оставалась по-прежнему красноречиво нетронутой.

Теперь уже я запсиховала всерьёз. Самое ужасное, что мне ничего не было известно ни об этой Наташке, ни о её муже, ни о ресторане, где они должны были праздновать свадьбу. Словом, не было ни малейшего представляения, с какого боку начинать поиски. Тогда я устало опустилась на кровать и в отчаянии обхватила голову руками — стало мучить дурное предчувствие.

В тот вечер была репетиция, поэтому, безрезультатно прождав Ирку весь остаток дня, я вынужденно покинула свой пост. Ушла, превратившись в комок тревоги.

Ты можешь удивиться и не понять глубины моего волнения. Ведь мы давно уже не были с ней близки, давно разошлись в разные стороны, давно потеряли взаимопонимание, не искали сил и помощи друг в друге. Давно... давно... Да, всё правильно. Но когда живёшь с человеком в шести квадратных метрах полтора года, когда ешь с ним из одной тарелки, когда делишься, в прямом смысле слова, последней горбушкой хлеба, а потом, на сэкономленные деньги, бегом, покупаешь букет гвоздик, или билеты в Кировский, или бутылку шампанского, и с радостью несёшь домой эти подарки, когда редкие посылки из дома настолько же его, насколько твои, когда и его, и твоя грудь омыты стаканами чистых, взаимных слёз, когда твои и его руки при ваших первых падениях, с готовностью поддерживали друг друга, когда первые вопросы и первые ответы рождались в спорах именно с ним, до хрипоты, до ссор!, тогда поймёшь, как она, моя Ирка, мне была дорога. Такое не забывается. Никогда не забывается.

С таким настроением я и явилась на репетицию. Антонов, после нескольких проб, недоумённо заметил:

— Ты сегодня какая-то не такая. Поёшь вроде бы и так, да не так. Не тот тон. Скорее даже, не тот оттенок тона. Понимаешь меня?

А я уже пожалела, что пришла.

— Что-то случилось?

— Да нет, так... Может, я лучше пойду? А послезавтра наверстаю, вот увидишь!

— Да ты что?! Осталось всего ничего! Ну, уж нет! Чёрт с ним, с этим оттенком, пой, как хочешь, но с репетиции не отпущу! Так, начали!

И он промурыжил меня до пол-одиннадцатого вечера, как всегда. А когда уже шли к метро, сказал:

— Это, конечно, не моё дело, но если могу чем помочь...

— Да всё в порядке! Просто устала, наверное. Почти полтора месяца в двух шахматных турнирах играла, плюс репетиции. Уроки учила по ночам. Как проклятая. И всё равно отстала, как черепаха от стада антилоп. Теперь догонять надо.

— А! А то я подумал... Ничего, не переживай, догонишь. Слушай, если ты так устала, не приходи на следующую репетицию. Есть нам над чем и без тебя поработать. Спокойно подчистишь хвосты и успокоишься. Договорились?

— Договорились! Знаешь, ты хороший парень, Володь. Очень хочется, чтобы у вас с Алкой всё получилось. Очень!

Он странно посмотрел на меня и ничего не ответил. Но хорошо помню, как не понравился мне его взгляд, хоть я сразу и перестала об этом думать — я рвалась домой, очень надеясь найти там, наконец, мою Ирку.

Она была дома, но...

Едва я переступила порог, как почувствовала что-то неладное. Но вряд ли это возможно объяснить словами. Может, просто изменилась атмосфера в комнате?

Знаешь, я уверена, что беда имеет свой, специфический запах, делающий воздух более тяжёлым и густым, чем обычно. Не замечала? Будто что-то неподвижно висит в воздухе, что-то особое и тягучее, ни с чем несравнимое.

Словом, я, как споткнулась. Остановилась на пороге и прислушалась. Да, Ирка была дома — слышалось её неровное, тяжёлое дыхание. Вмиг моё пальто оказалось на вешалке, и я бысто прошла в спальню.

Она лежала на своей кровати, лицом к стене, полностью одетая. Только прерывистое, рывками, дыхание нарушало тишину. Но это не были рыдания. Точнее, это были рыдания, но в их самой жуткой форме — без слёз. Нехорошее предчувствие обдало жаром:

— Что-то случилось? А? Я так беспокоилась. Где ты пропадала? Целые сутки! И почему тебя трясёт? Заболела? Или письмо от Дениса получила?

Ирка молчала. Тогда я вспомнила, что у нас есть чача — ребята подарили ещё к 8 марта. Встала, залезла в шкаф, достала бутылку, к сожалению, уже неполную, разлила её содержимое по стаканам и вернулась к Ирке:

— Ир, хочешь выпить?

Тогда она зашевелилась. Развернулась, посмотрела на меня, потом на стаканы, взяла один и залпом выпила. Я тоже. Полстакана чачи, но ни я, ни она даже не поморщились. И только тогда Ирка произнесла:

— Я всё сделала. Всё, как задумала.

Что ты сделала?, -- не поняла я, -- Ты о чём?

Она мутно взглянула на меня и спокойно объяснила:

— Отдалась первому встречному. Свидетелю на свадьбе. У него дома. Теперь мне жить нельзя.

И я поняла, что такое паралич сознания, потому что именно это и произошло со мной. Рот стал ритмично открываться и закрываться. В открытом положении, из него вырывались какие-то странные, шипяще-орущие звуки, не имеющие ничего общего с человеческими, а все остальные мышцы тела полностью отделились от мозга — он ими больше не управлял. Перед глазами всё расплылось, а сердце беспомощно забарахталось в груди. Шли секунды, а я никак не могла вернуться к себе...

Но такое не может продолжаться вечно. И первое, что нахлынуло на вновь очнувшееся сознание, был страх. Страх, который может испытать только человек, в руках которого вдруг окажется чья-то жизнь. Страх, который бьёт тебя тем сильнее, чем слабее ты себя чувствуешь.

И это — страх ответственности. Ответственности, которая неожиданно взваливается на твои плечи, и от которой хочется бежать, не задумываясь и сломя голову, усиленно убеждая себя в том, что ты ничего не видел и не знаешь. И всё только затем, чтобы не стать прямым виновником чьего-то ухода, чьей-то смерти. Как в звёздный микроскоп, ты видишь себя насквозь, всю свою немощь и слабость, и понимаешь, что не в силах остановить это падение, это отчаяние, которое выпотрошило из человека радость и желание жить.

И я сидела, смотрела на Иру остекленевшими глазами и задыхалась от жары. И покрывалась потом...

Наконец, руки сами сделали то, что должен был приказать им мозг — они вылили остатки чачи в стаканы и один из них протянули Ирке. Но... Чача показалась водой. До сих пор кажется, что в стаканах была вода.

— Почему не берёт?

Ирка, чуть вздрогнув, посмотрела так, будто впервые меня увидела:

— А я тоже об этом подумала. Не знаю. А нет ещё?

Я посмотрела на часы: было около двенадцати.

— Нет. И уже всё закрыто.

— Сходи к ребятам напротив. У них всегда есть. Потом вернём.

Да, у них было. Дали. Правда, бутылка была уже начатая. И когда мы её опустошили, отключились тормоза Иркиных нервов, и она разрешилась спасительными слезами. И тогда...

Тогда случилось то, что и должно было случиться. Я вскочила и, выбежав из комнаты, как полоумная, помчалась вниз по лестнице. Не было у меня ни мыслей, ни рассуждений, ни вопросов, ни сомнений. Я даже не подумала, даже не вспомнила, что была уже полночь. Меня вообще не было. Просто кончился мой бреющий полёт и я, обезжиленной и обезволенной птицей, резко сорвалась вниз и, не сопротивляясь, полетела на острые скалы отчаяния, последним рефлексом хватаясь за жизнь — он.

Я примчалась на вахту и что-то сказала вахтёрше. Не помню что, но она, глядя на меня полузаторможенным от испуга взглядом, медленно и молча пододвинула ко мне телефон. И только когда в трубке пошёл первый гудок я, автоматически взглянув на часы, висевшие на стене над дежуркой, пришла в себя. Правда, ровно настолько, чтобы осознать, сколько было времени. И всё. Даже мысли не промелькнуло, что гудки в трубке могут остаться непрерванными его голосом.

Он

Он не сдвинулся с места, пока она не скрылась в метро. И чем дальше она уходила, тем заметнее его лицо теряло краски, будто отцветая. Будто все лицевые нервы постепенно, в ускоренном ритме атрофировались, полностью смывая какое-либо выражение — маска. Потом тоже пошёл к метро.

Прошло две недели.

Валерий, зайдя в свой кабинет, разделся, сел в кресло и набрал номер.

— Наташа?.. Да, это я... Знаешь, всё работа, работа, продыхнуть некогда... Что? Поздравляю! На свадьбу-то пригласишь?.. Нет? Это почему же?.. Ну, тогда я тебе не завидую. С ревнивым мужем жить... Только ко мне? Наташа, ты мне льстишь!.. Да, его. Есть?.. Спасибо. ...Толька? Давай сегодня сходим к Зиночке. Не возражаешь?.. Нет, то есть, да. В общем, там и поговорим. Хорошо? Договорились.

И положил трубку.

Вечером, когда он зашёл в ресторан, к нему сразу подбежала официантка:

— Валерий Сергеевич! Как долго вы к нам не заходили! А Анатолий Анатольевич уже минут пятнадцать, как здесь, заждался весь. Давайте я вас провожу.

— Спасибо, Зиночка! Вижу, всё хорошеешь, цветёшь. Смотрю на тебя и чувствую, --весна идёт!

Он улыбнулся, а девушка зарделась от удовольствия.

— Ну, что вы! Это вы шутите. А сами так не думаете.

— Так все мужчины думают, когда в твои зелёные глаза заглядывают.

Зиночка отблагодарила его взглядом и пошла впереди, показывая дорогу. Толик, завидя друга, встал. Они обменялись крепким рукопожатием и сделали заказ. Когда Зиночка убежала, Толя, с лёгким укором в голосе, произнёс:

— Так редко видеться стали. Раньше, хоть раз в месяц, да приходили сюда. Просто поболтать, расслабиться, послушать музыку. Даже танцевали. Не так что-то стало. Не так. С тех пор, как ты... да что говорить! Нельзя так!

— Ты прав. Не та жизнь пошла. Совсем не та. Но... Давай сначала выпьем. Водку и закуску ты уже, вижу, заказал, так чего же мы ждём?

Они чокнулись, выпили и не торопясь закусили.

— Но я ни о чём не жалею. Более того, только когда встретил её, жить начал. А до неё... ну, как на перроне вокзала жил. Всё поезда своего ждал.

— Да ты на себя посмотри Валерка! Похудел, глаза, как под плёнкой. Даже когда улыбаешься будто долг вежливости выполняешь! Думаешь, не вижу? Да кем угодно тебя можно назвать, только не счастливцем! Нет, уж! Такого счастья мне и даром не надо!

— А мне другого не надо. Ладно, давай ещё по одной.

Выпили, и тогда Толик спросил:

— Да ты не тяни, говори, что случилось?

— Скажу. Начну с конца. Светланка всё знает.

— Что?! Как это — всё знает?! Ты что, сам ей всё рассказал? Зачем? Совсем с ума спятил? Зачем ты своей дочке это рассказал?!

— Да погоди ты! Вечно ты кипишь раньше времени! Всё объясню, выслушай сначала!

— Ладно, прости. Сорвался. Давай, больше не перебью.

— Сначала расскажу тебе одну историю. У Тайви есть подруга. Учится в Москве. Бывшие одноклассницы. Хороший она человечек, но не от мира сего.

— Как это, не от мира сего? Не понял.

— Да всё просто. Живёт в своём мире, который ничего общего с настоящим не имеет. В закатах-рассветах, стихах и рисунках. И много, очень много задаёт вопросов этой жизни. К сожалению, получает и ответы. Сам понимаешь, не всегда они по душе гладят. Да... Так вот, они с Таей ближайшие подруги.

— Не удивляюсь. Обе одинаковые.

— Да. Но только с той разницей, что у Таи-то — хребет из стали. А у той — из хрящей. Но я не об этом. У той девочки папаша бросил семью. Ушёл к другой. Скажешь, нередкая история. Согласен. Но уходы бываю разные. Да и дети по-разному на них реагируют. Зависит от того, какие отношения между ними и их отцами.

— Точно. Если уже с трещинами да подтёками, так хай и катится — никому не жалко. Если вообще не в радость!

— Да. Но про эти случаи говорить не будем. Тут другой вариант, самый тяжёлый — она в упор не видела мать и обожала отца. Молилась на него, как на верх чистоты и совершенства. А тот удрал к другой, даже не поговорив с дочерью, когда её вообще дома не было! Учится же! И выяснилось, что он гулял от семьи, лгал и выкручивался уже не один год! Представляешь?

— Во, подонок! Подожди, так это как раз про тебя! То есть, — Толик запнулся, — я не про подонка, а про твою Светланку. Она тоже только тебя и видит! Томку, мать свою, вообще не признаёт! Сколько раз она моей Машке плакалась, что Светка её вообще не слышит.

Валерий кивнул головой.

— Да. Светланка, если попросту сказать, её презирает. За женщину не считает. Дочь у меня — не дура, видит, какие у нас отношения с её матерью и всегда принимала мою сторону. Знаешь, что она мне говорила? Что таких женщин, как её мать, просто невозможно любить, так как в них нечего любить. Ясно? А я не знал, что ей и отвечать. Взывал к дочернему долгу. Банальщина, понимаю, но...

— Ясно. Она всегда у тебя была развитой девочкой, не по годам. Ты прости, но и моя жена тоже Томку не уважает. Говорит, что так размазываться в мужике — это не иметь к себе никакого уважения.

— А твоя Машка никогда и не скрывала от меня своего отношения к Томе. Ладно, я не об этом. Так вот. Мы со Светланкой, как ты знаешь, часто по воскресеньям ездим за город покататься на лыжах. Вдвоём. Ни Ярослав, ни, тем более, Тома, никогда к нам не присоединялись. Вчера тоже поехали. Ну... Знаешь, чистый воздух, тишина, яркое жизненное солнце... Словом, я впервые за столько дней расслабился. Полностью. Ну, и назвал свою дочь Таей.

Толик выпучил от изумления глаза, но не успел ничего сказать.

— А вот и я! — весёлый голос Зиночки прервал их. — Кушайте на здоровье!

— Спасибо, Зиночка!

Зина ловко расставила тарелки и, забрав пустые из-под холодной закуски, испарилась. Только тогда Толик смог высказаться:

— Ну, ты даёшь! Совсем спятил! Так забыться! Я всегда говорил, что эта история ни для кого добром не кончится. Как же она отреагировала, что сказала?

— Она тут же остановилась и, глядя прямо мне в глаза, спокойно спросила: "Папа, а кто такая Тая?" Я молчал. А она ждала. Знаешь, так спокойно и уверенно, как всегда, когда ждала от меня ответа. А я колебался. Но потом вспомнил о той девочке и понял, что не смогу ей наврать. Конечно, здесь и речи не идёт о моём уходе из семьи, но... но только потому, что я не могу соединиться с Таей. Так в чём и где разница между мной и отцом той девочки?

За столом стало тихо. Толик молчал, медленно жуя бифштекс и переваривая полученную информацию. Потом сказал:

— Я вот о чём сейчас думаю. А как бы я поступил на твоём месте? И признаюсь, не знаю. Ведь иногда самая лучшая правда — молчание. Загвоздка только в том, чтобы верно угадать, когда именно.

— Точно. И всё же? Это был тот случай, или нет? Правильно ли я поступил, всё рассказав? Хочу твоего мнения. Я не знаю человека с более чистой душой, чем ты. И прошу твоего приговора.

— Понял. Спасибо. Расскажи всё остальное.

— В общем, как я уже сказал, решил не врать. Мы нашли в лесу где посидеть, и я всё выложил. С самого начала, с допросов. Конечно, не вдаваясь в детали самого дела, по которому она проходила. Только личный аспект.

— Ну, и ?

— Светланка долго молчала, а потом сказала, что... сейчас ты удивишься. Сказала, что ей меня жалко!

— Как-как? Жалко?!

— Да. А если дословно, то она сказала так: "Папочка! Как же мне тебя жалко!" Потом объяснилась. Сказала, что очень хотела бы видеть меня счастливым. А так — это только мучение. И захотела познакомиться с Таей. Потому, что если я, её любимый папуля, её идеал мужчины, как она меня называет, полюбил кого-то, то она уверена, что моей любимой могла стать только настоящая женщина. Даже если ей восемнадцать. И она хочет её увидеть.

— Ты меня убил! Она так отреагировала? Просто нет слов! Слушай, поделись секретом, как ты достиг такого взаимопонимания? Ведь таких отношений — днём с огнём не найдёшь! Даже завидую тебе. У меня с сыном такой близости нет. Иначе никогда бы и наркотиков не было. Давай, раскошеливайся!

— Да нет у меня никаких секретов! Просто никогда с ней не сюсюкался, не лгал, не обращался с ней, как с ребёнком. Всегда предоставлял ей право выбора, конечно, предварительно выстроив жёсткую логическую цепочку последствий каждого. Всё. Словом, любил её.

Толик почесал затылок:

— Но это далеко не так просто, как кажется. Когда вымотаешься на работе, как чёрт, и доберёшься, наконец, до дома, то только и думаешь, что о покое. А тут сопля к тебе лезет со своей кучей глупейших вопросов. Вот и отмахиваешься, как от назойливой мухи. Бывает, и гаркнешь, чтобы не приставал, это когда под горячую руку попадёт. В лучшем случае, просто спрячешься за словом "завтра". В итоге твоё дитё о тебе же и забывает, просто вычеркивает. А когда спохватишься, контакта-то уже и нет. Поздно. Да. И как ты находил для неё время, да и силы? С твоей-то работой?

— Да говорю тебе, что просто любил её. Всегда, с самого её появления на свет. А когда любишь, это не в тягость, а в радость. А вот с сыном уже не то. И меня постоянно погрызывает за это совесть. Жизнь за него отдам, не задумываясь, а вот любить… Знаешь, всё можно заставить себя сделать, но только не любить. Любовь, она или есть, или её нет. Вот и всё.

— Тут ты прав. Я очень люблю своего сына, но… есть грех, не всегда находил для него время. Видимо, и любовь к собственным детям бывает разная.

— Да, все мы разные. И чувства тоже у всех разные. И по силе, и по цвету. Но я всё равно неспокоен. Не взвалил ли я на неё ношу, слишком тяжёлую для её семнадцатилетних плеч? Может, она так среагировала, чтобы не обидеть меня? А на самом деле теперь, втихаря, страдает, как та девочка, подруга Таи? Не замкнётся ли?

— Нет, не думаю. Ты бы почувствовал её неискренность. У вас ведь всегда была душевная близость и вы всегда прекрасно друг друга чувствовали. Не слукавишь.

— Думаю, ты прав. Надеюсь, что ты прав. Но всё равно жду твоего мнения. Правильно ли я поступил?

— Давай ещё выпьем, чтоб мозги смазать. А то что-то поскрипывать стали.

Заиграли музыканты. А когда в ресторанах звучала музыка, говорить становилось абсолютно невозможно — надо было орать, чтобы услышать друг друга. Поэтому они откинулись на спинки стульев и замолчали, думая каждый о своём. Только когда объявили первый перерыв, они смогли продолжить беседу.

— Вот что я тебе скажу. Думаю, что ты поступил правильно. И не потому, что твоя дочь так отреагировала, а потому, что, уличи она тебя в такой лжи, никогда бы тебя не простила и никогда больше не смогла бы тебя уважать. Одно дело похаживать налево, но совсем другое — любить женщину и хотеть с ней связать жизнь.

— Ты так думаешь?

— Да. Просто представил себе глаза моего сына... Нет, любой ценой хочу смотреть ему в глаза прямо, не елозя по сторонам. Даже если он и осудит меня.

— Спасибо. Давай за это выпьем.

Второе отделение музыканты начали с "белого" танца. Когда его объявили, к их столику подошла девушка, стройная блондинка, в "мини" юбке, белой водолазке и туфлях на высоком каблуке. Шикарные русые, чуть волнистые волосы, своевольничали на её плечах и спине, а светлые глаза смотрели уверенно и чуть вызывающе. Настоящая русская красавица. Она остановилась рядом с Валерием и мягким, чистым голосом спросила:

— Можно вас пригласить?

Валерию вовсе не хотелось танцевать. Но унизить женщину отказом он не мог. Любую, а тем более такую. Он встал и, улыбнувшись, предложил ей руку. И Толя заметил, как качнулась самоуверенность красавицы от этой улыбки.

Потом он наблюдал их в танце. Они о чём-то разговаривали. Когда музыка закончилась, Валерий проводил девушку на место, в компанию из четырёх девчат. А когда вернулся к своему столу, Толик прокричал ему на ухо:

— Сколько сюда ходим, ты ни разу не оставался сидеть на "белый" танец. И кстати, смею напомнить, никогда и не уходил отсюда один. Но такую красоту никогда не видел. Неужели отвергнешь? Да и вообще, из всех женщин на земле тебе обязательно надо было выбрать ту, которую не можешь иметь? Да и не женщину вовсе! Почти ребёнка! Нет, не понимаю я тебя. Не по-ни-ма-ю.

— А я и сам себя не понимаю. Раньше на такую вот кинулся бы, как кот на валерьянку. А теперь... Никого мне не надо. Ладно. Давай, наливай, выпьем.

Толика не надо было упрашивать, и они ещё раз приложились к рюмкам.

— А о чём вы говорили во время танца?

— Стандарт. Как зовут, кто такие... ничего интересного. Хотя она сразу призналась, что я ей нравлюсь и что она очень нетерпеливо ждала "белый" танец. Обычно женщины в этом не признаются. Боятся. А тут, чувствуется уверенность в себе и привычка к победам. Такие мне всегда нравились.

— Так почему бы тебе не развлечься? Не жить же тебе вечно монахом! Знаю от Маши, а она от Томы, что у тебя с женой давно уже нет близости. И по бабам шастать перестал. И со своей видишься раз в год, и то по обещанию! Притом, скорее как с другом, чем с женщиной. Так что же тебя сдерживает?

Валерий что-то хотел прокричать в ответ, но тут кто-то тронул его за плечо. Это опять была та самая девушка. Они и не заметили, как она подошла. Красавица снова приглашала Валерия на танец. Толик искренне обрадовался и красноречиво пнул его под столом. Деваться было некуда. И когда танец закончился, Валерий вместе с девушкой подошли к Толику. Тот поднялся. После официального знакомства девушка подсела к их столу.

— Желаете выпить? — спросил Толя, не отрывая глаз от её красивого лица.

— С удовольствием. За знакомство.

Они чокнулись и опустошили рюмки. А Толик продолжал допытываться:

— Расскажите нам о себе. Где производят и где обитают такие красавицы?

Девушка улыбнулась. Было заметно, что ей понравился этот ненавязчивый комплимент.

— Учусь на пятом курсе в университете. А сама — из Костромы.

И у них завязалась ни к чему не обязывающая беседа, неудобная только тем, что приходилось перекрикивать музыкантов. Несколько раз они с Валерой ещё потанцевали, а когда девушка вышла в туалет, Толя спросил:

— Ну, что? Решился?

— Признаюсь, соблазн велик. Даже очень велик. Сказал, что женат, но она всё равно не отступает. Не буду даже рассказывать, что она мне наговорила. Но... нет. Не могу. Ты тут про глаза сына говорил. Так? А у меня её глаза есть. Нет. Хочу тоже в них спокойно смотреть. Когда вновь увижу.

— Эх! Ну и дурак ты у меня! Но за это я тебя и люблю. Наливай. За твой окончательный постриг в монахи. Нет, в схимники. Так поточнее будет.

Они рассмеялись и выпили. Потом Валерий резко посерьёзнел.

— Я ещё кое о чём хочу с тобой поговорить. Только обещай не бить посуду.

— О, господи! Когда ты так говоришь, у меня всё начинает холодеть. Что ещё случилось?

Но тут вернулась девушка и Валерий предложил ей отойти в сторону поговорить. Они вышли в раздевалку. Тут было намного тише.

— Не могу лгать. Я вообще, терпеть не могу ложь. Поэтому скажу сразу. Ничего у нас с тобой не будет. Признаюсь, ты мне нравишься и отказать тебе — не так-то легко. Но не могу. Не обессудь.

Девушка ожидала совсем других слов, а потому в первый момент явно растерялась. Но, придя в себя, выплеснула на Валерия целый ушат эмоций:

— Не понимаю! Я же ничего от тебя не прошу! Я же не собираюсь разводить тебя с семьёй! Просто, ты... ты очень мне понравился. Очень! И я хотела... — она запнулась, но потом решительно продолжила начатую фразу, — насладиться тобой до конца! Что ж тут такого страшного? Или ты думаешь, что я из тех, которые ищут приключений с каждым встречным? Да я вообще никогда не приглашала мужчину на "белый" танец! Только тебя, впервые! За все мои двадцать три года у меня только двое мужчин было! И... и если хочешь, то всё скажу!.. Влюбилась я в тебя, ясно? С первого взгляда, как только ты вошёл в ресторан. Влюбилась, как последняя дура!

Она замолчала. Вся её уверенность в себе рухнула под лавиной собственных слов. Она уже еле сдерживалась, чтобы не расплакаться.

Валерию стало не по себе. Вновь проснулось желание. Сейчас, в своём натуральном виде, без показной демонстрации видавшей виды жещины, девушка была особенно хороша. Он молчал, борясь со своими мужскими инстинктами и не желая добивать девушку.

— Пойми меня правильно., -- наконец, заговорил он, -- Одна ночь тебе не даст счастья, а большего я дать не смогу.

— Почему?

— Потому, что люблю другую. Больше жизни. Ты опоздала.

Девушка изумлённо посмотрела на него. После долгого молчания и внутренней борьбы, тихо произнесла:

— Поняла. Спасибо. Завидую ей. Прощай.

И вернулась в зал. Через секунду и Валерий последовал за ней. За столом он всё рассказал Толику.

— Н-да. Значит, бывает и такое. Удар молнии, так?

Валерий кивнул. Ему всё ещё было не по себе. И не от того, что только что произошло в вестибюле — такими сценами его нельзя было уже удивить, а от того, что пришлось бороться с собственным мужским началом. Это было неприятно. Оставалось ощущение, будто он всё-таки изменил, бросил тень на своё чувство. Ведь даже мысль, как он тогда сказал Тае, и та — в счёт!

— Ты чего задумался?

Тогда он поделился своими сомнениями. Но реакция Толи была совершенно неожиданной. Он наклонился вплотную к уху друга и прокричал:

— Эй, ты меня удивляешь! Это же так просто! Чем мы отличаемся от четвероногих, а, очень часто, и от двуногих самцов? Именно этим! Мозгами! Инстинктами всех природа наградила и это — нормально. Только далеко не все эти позывы держат, как норовистых лошадей, в крепкой узде! Мыслями он, видите ли, изменил! Да не мысли это были, а кровь в одном месте забурлила! А я вот что тебе скажу. Если бы не забурлила, то тебе срочно нужно было бы к врачу сходить, провериться, не импотентом ли становишься. Ясно? У меня у самого зашевелилось всё, а я ни разу своей Маше не изменил, за все почти 20 лет супружества. Ну, успокоился теперь?

Валерий улыбнулся. И в этот момент объявили следующий перерыв. Они облегчённо вздохнули. Не надо было больше перекрикивать музыку:

— Знаешь, а ты прав! Но я всё равно расскажу об этом Тае, когда увидимся. Покаюсь. Так поспокойнее на душе будет.

— Рад, что ты успокоился, но всё равно тебя не понимаю. Ведь половая измена, в дословном значении этого слова, означает побег налево от человека, с которым имеешь постоянную интимную связь. Так? Но ведь у тебя-то ещё ничего с твоей не было! Так откуда такая щепетильность?

— Было.

Толик от неожиданности подскочил на стуле, будто его ударило током. У него отнялся дар речи и он стал похож на рыбу, выдернутую из воды. Он глотал воздух, открывал рот, но не издавал ни одного звука. Потрясение было настолько глубоким, что Валерий заволновался.

— Толик, только не надо истерик. Не надо. Хорошо?

Лицо Анатолия побагровело от волнения, и у него затряслись руки. От выпитого не осталось и следа. Валерий молчал. Он хорошо знал своего друга и просто ждал, когда он выплеснет порцию лишних эмоций и вновь станет слышать и видеть. Налил стакан воды и протянул ему. Анатолий залпом его выпил и только тогда смог заговорить.

— О господи, ты тронул, тронул эту девочку! Ты же слово дал, слово! Обещал! Как же ты мог, Валерий? Как?! Ах ты, боже ты мой... что же теперь будет-то, а? Как мне в глаза твои теперь смотреть, а? Ну, скажи! А Маша? Что я скажу Маше?!

И Валерий резко выкрикнул:

— Я люблю её. Слышишь?! Люблю!

Он наполнил рюмки и жестом пригласил Толю. Тот машинально подчинился, но не умолк:

— Ты, ведь никогда, никогда на ней не женишься! Никогда! Говоришь, что любишь? А о ней ты подумал? Забыл про рельсы? А ведь тогда у вас ещё ничего не было. Ничего! А теперь? Что теперь с ней будет, а? Верёвка или димедрол, а? Ты об этом подумал? Ведь всё равно ты её оставишь!!! Всё равно оставишь!

Валерий застыл. Как окаменел. Только глаза неотрывно, тяжело смотрели Толе в глаза. И сильно сжались кулаки. И исчезло дыхание.

— Вот-вот. Я так и знал. Ты об этом и не вспомнил. Только теперь поздно об этом думать. Поздно! Жизнь девочке искалечил... если вообще не убил. Вот что ты сделал!

Валерий не двигался. Лицо — маска муки. И чего-то ещё, еле уловимого, неосязаемого. Будто где-то там, в сердцевине его сердца рождалось решение...

На несколько минут за столом воцарилось молчание. Потом Валерий с трудом разжал высохшие губы:

— Да, я обещал и тебе, и Маше, что никогда её не трону. Но после таких разумных и трезвых обещаний ты знаешь, что произошло. Тогда я *ей* дал слово, что отныне всё будет так, как захочет она. И она это захотела. Потребовала! Я не мог её отвергнуть! Не мог! Не было у меня больше выбора! Уже не было! Ни вперёд, ни назад! Как в капкане! С самого начала я должен был остановиться! С самого первого её телефонного звонка! Слепым был, ничего не видел, себя даже не понимал! А после того, что ты сейчас сказал — хоть в петлю! Всё мог бы вытерпеть, всё! Но жить и знать, что я... Подонком ты меня сейчас назвал, понимаешь ты это?!

Толик молчал. Но чем дольше говорил Валерий, тем бледнее и преснее становилось его лицо. И обречённее. К ним подошла Зиночка, принесла десерт и убрала со стола.

— Зинуля, принеси-ка нам ещё водочки. Хорошо?

— Ой, конечно! Я мигом.

И убежала. Толик заговорил:

— Ты прав. Раньше надо было. Раньше! А теперь... Валерка, не принимай скороспелых решений. Никаких. Дай время времени. Она молодая, юная совсем! Может, и обойдётся. Не думаю, что всё это так серьёзно. Помучается, помучается с тобой, устанет и сама уйдёт. Сама. Встретит другого, свободного... Это же так нормально! Эх... только не надо было её трогать. Ну... в том смысле. Этого не надо было. Да... Но всё равно у неё всё пройдёт. Только больнее и дольше мучиться будет...

Голос Валеры был бесцветным.

— Ты правда так думаешь? Что у неё всё пройдёт? Посмотри мне в глаза.

Это не было трудно, потому что Толик искренне верил в свои слова.

Но в душе у него вовсе не было так спокойно, как ему самому это казалось. Слова Валерия о капкане засели глубокой занозой и не давали вдохнуть полной грудью. Анатолий хорошо знал своего друга и знал, что он никогда не сдавался обстоятельствам, никогда не смирялся. И никогда не перекладывал решения на "авось"! Он знал, что Валерий будет искать выход и был уверен, что он его найдёт. И именно этого Анатолий и боялся — того выхода, который он обязательно найдёт...

Четвёртый гудок оборвался в самом начале.

— Да, я слушаю.

Его голос. Холодно-устало-раздражённый.

— Это я... Я... я не могу больше!

В трубке послышался вздох. Потом исчезли все звуки. Как долго било ветром молчания по сложенным крыльям! И как всё быстрее увеличивалась скорость падения...

— Ты где?

— Дома.

— Буду у тебя через час. На такси.

И я мягко упала в надежду. С трудом, тяжело поднялась по лестнице в свою комнату. До меня ещё не дошло, что через час я вновь буду жить. Но что-то сдвинулось в душе, будто спала поволока с помутившегося от шока сознания. Словно то, что я так долго искала, изводя себя, те самые единственные слова, которые могли вернуть веру Ирке, лежали прямо под ней, и ждали только его голоса, только обещания встречи с ним, чтобы выскочить на поверхность.

Ирка продолжала плакать. Я села напротив, тронула её за плечо и сказала:

— Мужчина, если любит, прощает всё.

Она замерла. Через секунду повернулась ко мне и, давясь ещё неостывшими рыданиями, спросила:

— И это?

— Всё.

— Откуда ты знаешь? Чем ты мне это докажешь?

— Знаю. Но не я — жизнь тебе это докажет.

— А я не хочу больше жить.

— Хотя бы ради любопытства, дождись окончания службы Дениса и увидишь.

Она долго смотрела мне в глаза. И я чувствовала, каждым разболтанным нервом, всей кожей, покрытой толстым слоем уже подсохшего потного страха, чувствовала, что я, а вернее, он и я — победили.

— Ты... ты... я... да. Я подожду его. Ты ... спасибо.

И я откинулась на свою кровать. И только тогда осознала, что через полчаса увижу его. Меня передёрнуло, как от судороги. Я вскочила и стала переодеваться. Руки дрожали и не было дыхания.

— Ты куда?

— К себе.

— Что?!

— Ты ложись спать. Не жди меня. Не знаю, когда вернусь.

— Куда ты? Ведь почти час ночи! Общага закроется!

А меня уже затопило счастьем. Остатками разума я ответила:

— Туда, где не кислород, а озон, где так тихо, как в пустой шахте и так светло, как на берегу солнца. Ясно?

Отметила изумлённо-испуганный взгляд Ирки, чмокнула её в щёчку и вылетела из комнаты. И моё сознание полностью растворилось в ожидании.

33

На улице было тихо, ясно и холодно. В Ленинграде конец марта ничем не отличался от конца января. Да, здесь о приближении весны можно было узнать только из календаря. Но тишина заснувшего города успокаивала.

Я вышла из "колодца". Опёрлась спиной о стену, глубоко вдыхая спокойный, сонный воздух. Постепенно, секунда за секундой, всё произошедшее, начало терять резкость очертаний и отступать в прошлое. Но когда пришло полное расслабление, взыграли, наконец, градусы, проглоченные с Иркой. И чача, перемешанная с водкой, зашумела в ушах, а глаза потеряли способность фокусировать предметы.

И тогда вновь обдало страхом. Ужас, что он неправильно поймёт мой ночной звонок, перекрыл поступление воздуха в лёгкие. Вдобавок, вспомнилось ещё и одно из его высказываний про сверхнормы выпивших женщин — омерзение в чистом виде.

Появившаяся мысль сбежать, так и осталась лишь мыслью -- подъехало такси.

Поздно. И испуг победил радость. Из меня буквально сбежали все силы, и я даже не смогла оторваться от стены. Машина остановилась, он вышел... и меня, как толкнуло. Рывком сорвалась с места, сделала шаг к нему и... тут же замерла: коснись он меня губами — сразу уловил бы запах.

Тень удивления и непонимания мелькнула на его лице. Секунда паузы, и он сам ко мне подошёл:

— Едем?

— Я... я выпила. Много. Из-за Ирки. Она... Я...

И замолчала. Сил говорить не было. Я смотрела ему в глаза и изо всех остатков самообладания сдерживалась, чтобы не рухнуть ему на грудь. И отключила все мысли, чтобы не сойти с ума ещё до того, как он развернётся и уедет.

Что-то промелькнуло по его озёрам. Что-то тёмное, грозовое. Потом исчезло. И в них опять отразились ночные звёзды.

— Значит, я сразу уложу тебя спать.

И я пала в его объятия, утонув в его родном запахе...

Очнулась уже в машине. Он сидел рядом, а моя отупевшая от счастья и спиртного голова покойно дремала на его плече.

Такси остановилось. Он вышел и помог выползти и мне. Потом расплатился с шофёром, и мы зашли в подъезд того же дома, откуда я ушла в полёт. И где... А от этого воспоминания я мгновенно проснулась!

В лифте мы молча стояли друг против друга. Наши глаза обнимались, захлёбываясь в блаженстве, а тесная кабинка всё плотнее наполнялась напряжением. До осязаемости, до головокружения. Мы не могли даже дышать...

Не помню, как мы вышли из лифта, как он открывал дверь, как помогал снимать пальто. Но едва мы вновь встретились глазами, я первая, срубленным деревцом, упала ему на грудь. И его губы, сухие, переполненные страстью, слились с моими, до боли, до отключения сознания. Ноги отказались держать тело и я просто упала бы, если бы он не подхватил меня на руки. Но отнёс не в спальню, а в ванную. Опустил на пол и сдавленным, так хорошо мне знакомым голосом, от которого бросало в жар, сказал:

— Прими душ, хорошо? А я пока пойду, поищу огурчик, чтоб закусить.

Я настолько отупела, что даже не поняла его шутки.

— Какой огурчик?

— Сколько вы выпили?

Тогда я поняла. И мне стало не по себе.

— Много. Пол-бутылки чачи и где-то столько же, если не больше, водки.

— Так много? От такого количества ты должна была бы просто отключиться. Значит, я правильно понял, что что-то случилось. Так? Ладно. Освежись под душем, а я пока постелю. А потом ты мне всё расскажешь. Договорились?

— Нет. Я хочу, чтобы ты помыл меня, как тогда, помнишь?

У него не было дыхания, когда он произносил это слово:

— Хорошо.

И вышел. Я разделась и залезла под душ. Горячие, сильные струи воды показались бальзамными и очень быстро смыли с меня последние остатки того мира, из которого я только что вырвалась. И, как по волшебству, перестали шипеть в ушах чаче-водочные пары. Я закрыла глаза и замерла под этим потоком жизни, окончательно расслабляя тело. И только сердце всё требовательнее и настойчивее било по грудной клетке, изнемогая от ожидания и своей доли. И когда он пришёл, впервые я, а не он, произнесла наш пароль:

— Иди сюда.

И через секунду, прильнув к нему всем телом, я услышала его слова:

— Я соскучился. Так соскучился, что просто с ума схожу от желания быть с тобой. Но как с женщиной, как с самой настоящей женщиной.

Я не поняла. Оторвалась от него и удивилась:

— А разве мы...

— Нет. Ты даже не представляешь, что это такое — быть женщиной. Что такое любовь мужчины и женщины. И я хочу, чтобы ты это узнала. Сейчас.

Нет, я не понимала его и продолжала удивлённо смотреть в его синеву. И тогда он проговорил последнее:

— Тебе будет больно. Опять. Но не так, как раньше. Боль уйдёт и ты поймёшь, о чём я говорю. Доверься мне, хорошо?

— Да. Я... я люблю тебя.

И его губы властно завладели моими. А когда они дотронулись до моей груди, всё просто исчезло, словно этим прикосновением он и выключил действительность...

Не знаю, сколько времени мы отсутствовали. Но когда я вновь услышала шум воды, вновь смогла мыслить, то первой моей реакцией на возврат в реальность был... испуг. Да. Хорошо помню, что это был именно испуг. И он выстроился в слова:

— И как же я теперь?

Его губы ещё ласкали мои ключицы. Услышав вопрос, он поднял голову и удивлённо посмотрел на меня. Секунды три он молчал, но потом сдался и переспросил:

— О чём ты?

— Это... это было так.. так.. я никогда не думала, что это бывает так. Теперь я знаю, как это и... и... Что же ты со мной сделал? Как я теперь буду без... этого?

И я прочитала в его глазах... растерянность! В первый раз он не знал, что ответить. Никогда ни до, ни после я не видела его таким беспомощным. А я безжалостно ждала от ответа. И не могла дождаться. Он не знал, не знал что ответить!

Шумела вода, ванная парила в тумане горячего пара, а мы продолжали мучить друг друга поиском решения этой головоломки, не понимая главного — изначального его отсутствия. Этот вопрос был только частью самого главного, самого нашего главного вопроса, на который мы не знали ответа — зачем мы любили друг друга.

Он очнулся первым. Выключил воду, выбрался из ванной и, завернувшись в полотенце, полуспросил-полупопросил:

— Пойдём... , -- голос был выжатым насухо.

Я кивнула. Он помог мне вылезти из ванной, подал полотенце и, прихватив мои вещи, мы вышли.

— Хочешь чаю? — спросил он.

— Да. С удовольствием. Но уже поздно... Тебе не надо завтра на работу?

— Надо. Но только часам к одиннадцати. Смогу выспаться.

— Даже в субботу?

— У меня нет выходных. Вернее, моя работа не обращает внимание на календарь.

Голос продолжал быть сухо-жёстким. И я замолчала.

Мы прошли на кухню. Он поставил чайник и стал накрывать на стол. Я смотрела на его ещё мокрое, блестящее тело, на влажные, по-мальчишески растрёпанные волосы и вдруг поняла, что стала его бояться. И тут же оторопела от этого открытия. И ничего больше не соображала.

— Не холодно?

Мне стоило немалого усилия заставить себя ответить.

— Нет, здесь очень тепло. Как у нас в общаге. Мы даже в сильные морозы часто открываем окна.

Он закончил возиться, сел напротив и, глядя мне прямо в глаза, сказал:

— Я не знаю, что ответить на твой вопрос. Ты загнала меня в тупик. Чего угодно мог ожидать, любой реакции, самой нестандартной, но только не этой.

И тогда я его добила:

— Это ещё не всё. Я... я стала тебя бояться.

Мне показалось, что мои слова его ударили — так резко он отстранился. Как упал на спинку стула. И застыл в немом ошеломлении. В кухне надолго поселилась тишина. Нехорошая, рождённая взаимным непониманием.

А я? Даже не пыталась разобраться. Сразу же сдалась, почувствовав, что это мне сейчас не под силу. Как делала всегда, когда не находила объяснения какой-либо проблеме — не созрело. И переложила поиск ответа на него. И ждала. И требовала ответа. Он должен был его знать! Обязательно должен был его знать!

Закипел чайник, но никто на него не среагировал. А он продолжал шипеть, всё более и более злясь на отсутствие к нему внимания. Наконец, он встал, выключил газ и подготовил заварку. Потом сел и, вдруг, в его глазах зажёгся огонь:

— Нет, я знаю, что ответить. На вопрос.

И он рассказал о своем разговоре с Толиком в ресторане, прервавшись только на минутку, чтобы разлить в чашки чай.

Узнав, что теперь о нас знает его дочь, я настолько удивилась, что даже никак не среагировала на эту новость. А история с той девушкой меня почти не задела. Более того, развлекла! Хотя, на минутку, и стало неприятно, что ему захотелось провести с ней ночь. Но я же помнила, чего именно ему хотелось — теперь я это хорошо знала! — и сразу его простила. И потом, он так давно этого не имел! Но то, что он сказал дальше, удивило больше, чем всё предыдущее:

— Слова Толика меня поразили. Он сказал, что у каждого из нас есть инстинкты, но не каждый способен ими управлять. Но этим мы и отличаемся от животных, от самцов и самок. Я смог тебе ответить?

Как же это было просто! И я благодарно ему кивнула. Но было ещё одно, что меня мучило.

— А вот почему ты стала меня бояться...

Мы молча пили чай, и он застревал у меня в горле, таким натянуто-тяжким было это молчание...

Тогда-то меня и осенило. Созрело! Всё дальнейшее я проговорила очень спокойно, так, как говорил бы человек, которому больше нечего терять.

— Поняла. Я поняла, почему стала тебя бояться. Знаешь, никогда, никогда раньше я не думала о тебе, как о мужчине. Никогда. Ты всегда был частью меня самой, а точнее, местом, где жило моё сердце. И я рвалась к тебе, как к самой себе, как может рваться за разумом умалишённая. Вот. А теперь... Я просто испугалась власти, которую ты только что надо мной приобрёл. Я ещё как-то смогла, как-то научилась жить без главного куска моего я, без счастья быть в тишине и покое твоей гавани. Но... ты даже не представляешь, чего мне это стоило. Да. На красной черте. А вот теперь... теперь будет ещё и тело. Как навалится на меня всей мощью, всем безрассудством своего "хочу!"... Я не верю, — понимаешь? — не верю, что смогу выдержать ещё и это. Что смогу вновь от тебя оторваться. Вот и всё.

Его реакция была мгновенной:

— Не надо. Не отрывайся от меня больше никогда. Всё, абсолютно всё, что ты сейчас сказала, могу повторить тебе и я. Всё, до буквы. Ты слышишь меня?

Ещё бы!

— Правда?

И он впервые заговорил о своих чувствах. А пока он говорил, у меня всё сильнее и сильнее кружилась голова, и сладко щемило под ложечкой.

— Правда. Все эти полтора месяца я прожил воспоминаниями о тебе. И каждый раз, ложась спать, молил небо, чтобы ты мне приснилась. И благодарил его, когда оно выполняло мою просьбу. Я люблю тебя. Никогда и никого я так не любил, как тебя. А теперь и как женщину. Понимаешь? Мою женщину.

Заминка. И уже другим, уплотнённым волнением голосом, выдохнул:

— Которую опять безумно хочу. Иди сюда.

Меня сдуло со стула и я оказалась у него на руках. Он прошёл в спальню, опустил меня на кровать и любовью отпихнул в сторону, за ненадобностью, реальность...

Когда двери рая мягко закрылись, оказалось, что на этот раз действительность объявила мне забастовку. Ни мысли, ни желания, ни ощущения не вернулись, а тело и сердце, осоловев от переедания, просто отвалили в сон. Только мозг ещё барахтался и слышал наступившую тишину — тишину убаюканного океана.

Легко, шёпотом, повеяло его лаской:

— Тебе хорошо?

Дуновение его губ помогло сознанию найти ориентиры, но всё равно не смогло заставить пошевелиться рот. И после нескольких бесплодных попыток, он сдался и удовольствовался моим простым «угу»

— Понял. Покойной ночи. — в его голосе плескалась улыбка.

Только после этого мой мозг позволил себе отключиться.

Как давно я так не спала! За всю ночь не только ни разу не проснулась, но и, по-моему, даже не пошевелилась. Наверное, так безмятежно спят только котята подмышкой у мамы.

Я открыла глаза и зажмурилась от яркого, переполненного надеждой солнца. На миг даже показалось, что пришла весна. Но тут слух пискнул тревогу — слишком пустой была тишина в комнате. Я резко повернулась — рядом никого не было. Глухо стукнуло сердце. И испуг — животный, до полного безумия, вышвырнул меня с кровати...

Только тогда мои глаза заметили время — 11 часов. И, рядом с будильником, белый листок бумаги. Дрожь в руках долгие мгновения не давала глазам сфокусировать зрачки и прочитать написанное.

Ох, Ленка! Как меня выстудили эти несколько секунд неизвестности! Нет, даже не неизвестности, а резкости перехода от "быть с ним" к "быть без него". Я не была к этому готова. Засыпала с уверенностью о встрече рассвета в нише его объятий, и никак не ожидала этого тарана одиночества. А когда смогла осознать смысл четырёх написанных слов, слов, которые возвращали мне жизнь, я откинулась на подушку и всей перезревшей, подгнившей до сепсиса тоской, тяжко, изнеможенно расплакалась.

Он

Он проснулся достаточно рано, было всего около девяти. Несколько минут он лежал, не двигаясь. Потом осторожно, стараясь не разбудить Тайви, поднялся и вышел из спальни. Приняв наскоро душ, оделся, заглянул в спальню и убедившись, что Тая всё ещё спит, взял листок бумаги и написал: "Скоро вернусь. Не уходи". Тихо подошёл к кровати, положил его рядом с будильником и вышел из квартиры.

Через минут сорок, он уже был в Управлении КГБ. Но там пробыл совсем недолго, всего около часа и, выйдя из здания, поехал домой.

— Папуля!

Светланка повисла у него на шее.

— Я ужасно соскучилась! Давай поедем покататься на коньках? Смотри, какая погода! Ты ведь не должен больше идти сегодня на работу?

Выплеснув радость встречи, она отпустила его и позволила ему раздеться.

— А где мама и Ярослав?

— Они на рынок пошли и ещё не вернулись.

Он прошёл на кухню и занялся приготовлением кофе. Дочь не отставала от него ни на шаг и как-то по-особому за ним наблюдала. Вдруг, чуть наклонив голову, она игриво-счастливым голосом проговорила:

— Пап, а ты сегодня какой-то не такой. А ну-ка, посмотри мне в глаза!

Он явно этого не желал. Но деваться было некуда, и они встретились взглядами.

— Пап, ты весь как светишься!

— Я всегда знал, что ты у меня колдунья., -- улыбнулся он.

— Папуль, ты видел её, да? Ну, скажи, видел?

— Да. И зашёл домой, чтобы переодеться и попросить у тебя взаймы тёплые носки, ну, из тех, которые ты надеваешь, когда ездим кататься на лыжах, или на коньках.

— Для неё, да? Поедете на каток, да? Пап, я хочу с вами!

От неожиданности он чуть не поперхнулся горячим кофе.

— Пап, ну, пожалуйста! Ну, я очень тебя прошу! Так хочется с ней познакомиться! С той, которая сделала моего папулю таким блестящим!

Она уже забралась к нему на колени и ластилась избалованным ребёнком, выклянчивая согласие. Он ещё слабо сопротивлялся:

— Да зачем же тебе это?

— Надо! И потом, она — почти моя ровесница! Хочу иметь подругу!

— О, господи, — вырвалось у него в сердцах, — только этого мне ещё не хватало! С ума тут сойдёшь со всеми вами! Вот сбегу, тогда узнаете!

— Папуля! Ну, пожалуйста!

И он сдался. Ему всегда было трудно отказать ей, когда она так просила.

— Ладно. Сиди на телефоне и жди моего звонка. Ясно?

— Ура! Слушаюсь, товарищ майор! Ой, товарищ подполковник, всё ещё не могу привыкнуть.

И она вытянулась на его коленях, отдавая ему честь.

— Вольно! А теперь гони носки.

— Не-а, — она шутливо погрозила ему пальцем, — сама привезу.

— Не доверяешь?

— В таких-то делах? Не-а!

— Н-да, узнаю мою дочь. В таких делах я тоже никому не доверяю.

И они рассмеялись.

Изрядное количество пролитых слёз всегда приводит к полному изнеможению. Но и успокоению. И незаметно для себя я вновь заснула.

А проснулась от поцелуя. Нет, не лёгкого, утренним касанием первого солнечного луча. А жгучего, жадного, перенасыщенного проголодавшейся страстью.

И, как от зажжённой спички вспыхивает на ветру пересохший тростник, так же воспламенилось застигнутое врасплох тело, и тихим, густым стоном вырвалась благодарность сердца. Глаза отказались открыться, а руки, раз убедившись, что им уже не надо ничего ни рвать, ни срывать, радостно отдали власть ладоням. И ненасытной бездонностью песка стало впитывать тело жаркий дождь его прикосновений.

Так любить можно только, стоя на краю пропасти, или на ступеньке эшафота, или когда со всех сторон поддувает разлука, или, когда каждый раз, познав бесконечность, не знаешь, воспаришь ли к ней ещё хоть раз! И когда точно знаешь, чем заплатишь за это познание...

Всегда, как милость неба. Всегда, как в последний раз. Всегда, как глоток воды перед неминуемостью засухи...

("Истинно любит только тот, кто любит без надежды". Friedrich von Schiller).

Два тела, две души дали друг другу высшее блаженство жизни, а затем две гортани, слившись в один восторг, озвучили вдосталь накормленную любовь, и благодарная тишина, размягчённая и обогретая ею, полновластной самодержицей ниспала на их сердца.

Нисхождение из заоблачности было мягким и неторопливым, а когда я уже была низёхонько над реальностью, тихим шёпотом он смягчил моё приземление:

— Люблю... Лю-блю. Никогда не думал, что когда-нибудь скажу это слово. А теперь не могу не повторять его снова и снова... Был без тебя всего три часа. Всего три часа, а показалось — вечность.

Мои глаза всё ещё не хотели открываться, голова лежала на его груди, уши слышали биение его сердца, а душа безмятежно нежилась в тёплом озере.

— Пообещай, что никогда больше не оставишь меня одну, не предупредив заранее об уходе, ладно?

В его голосе послышались прожилки волнения:

— Я же оставил тебе записку. Ты что, не видела её?

— Видела. Но сначала умерла от испуга, что ты уже ушёл.

Он приподнял мою голову, и я открыла глаза. И освежилась в волнах его синевы.

— Ты плакала?

Я кивнула. Он долго смотрел в мои глаза. Потом, уже сытым касанием, чуть дотронулся до моих губ. Но я настояла:

— Пообещай.

Вновь немой разговор глаз, и моё уверенно-спокойное ожидание обещания. Но... Он молчал и даже отвёл глаза. Но тогда я ничего не заподозрила. Потому что он сбил меня с толку:

— Сейчас мы встанем, ты попьёшь кофе, потом мы где-нибудь пообедаем и поедем на каток.

— Куда?!

— На каток, кататься на коньках. И там я познакомлю тебя с моей дочерью.

— Что?!

Но он не дал мне даже набрать воздуха, чтобы продолжать ахать.

— Вопрос уже решённый и дискуссии не подлежит.

Голос его наслаждался моим изумлением.

— А вечером пойдём к Зиночке и потанцуем. После чего вернёмся сюда и...

От его "и", что-то сладко сжалось где-то под солнечным сплетением, и на мгновение закрылись глаза от лёгкого толчка головокружения. Но потом я вспомнила о предстоящем знакомстве и стала заикой:

— П...подожди, как... как это, познакомиться с... с твоей дочкой?

— Всё! Отставить разговоры! Подъём!

И не давая мне никаких объяснений, он вскочил с кровати и, лукаво улыбнувшись, вышел из спальни.

Нет, ты только попытайся представить мою растерянность! Машинально, вся погрузившись в поиск хоть какого-то мало-мальски логического объяснения, я покорно прошлёпала в ванную. Но так и не смогла разрешить эту головоломку. А когда вышла, свежий запах бодрости, овладевший квартирой, подтолкнул меня к кухне.

Зайдя — оторопела. На какое-то мгновение я даже не узнала его — таким молодым, почти мальчишкой, он показался. И просто до шока, до бессовестности красивым! Впервые на нём был не костюм с галстуком, не форма, и даже не спортивный комплект, а туго облегающие чисто-синие джинсы и чёрная, подчёркивающая каждую мышцу, каждый изгиб торса водолазка. Не отрываясь, даже не мигая, впитывала я в себя эту красоту и не могла, не хотела оторваться. Глаза наслаждались счастьем — они тоже, наконец, получили свою долю радости. И онемели от восхищения. А он весело смотрел на меня и через пару секунд сказал:

— Сейчас опять скажешь, что так — не честно. Угадал?

Ко мне вернулась способность говорить:

— Нет. Сейчас скажу, что это просто бессовестно!

— Даже так? — он задорно рассмеялся. — Давай, пей кофе и бежим, уже почти два часа. Зайдём куда-нибудь пообедать, и ты мне всё расскажешь. И про чачу с водкой тоже. Хорошо?

Резко, слишком резко пахнуло миром, из которого я сбежала и про который уже успела забыть. Так резко, что на мгновение у меня сбилось дыхание. Но ни одним движением лицевых мышц я не выдала своего состояния — я хотела, нет, я жаждала продолжать видеть его таким мальчишкой — весёлым, счастливым мальчишкой.

Тот день выдался на редкость тёплым и солнечным. Я даже зажмурилась от обилия света. Впрочем, день полностью соответствовал моему состоянию — моё сердце тоже жмурилось от обилия его.

— Давай сразу где-нибудь пообедаем, а то пока доедем до стадиона, я умру от голода. А ты?

Я тоже уже проголодалась, и минут через двадцать мы уже сидели в каком-то кафе и ждали наш заказ. Народу было совсем мало, и нас быстро обслужили.

— Давай, выкладывай. Всё по-порядку.

Тяжко было возвращаться в мир, где не было места нашему "рядом". Поэтому я только чуть приоткрыла туда дверь, продолжая оставаться в этом, нашем. И стало легко и просто рассказывать. Пока говорила, нам принесли обед и, проглатывая с аппетитом шницель, я окончательно почувствовала себя лишь сторонним наблюдателем произошедшего со мной за эти полтора месяца.

Выслушав о нашей с тобой встрече, он прервал меня:

— Знаешь, о чём я подумал? Что всё, что вокруг тебя происходит, скорее напоминает книжный роман, чем реальность.

— Почему?

Он помолчал, прежде, чем ответить.

— Уверен, что твоя Лена права. Послушай, ты никогда не обращала внимания на одну вещь, например, на базаре. Когда ты подходила к какой-нибудь скучающей бабке, за тобой не выстраивалась очередь?

— Ой, точно! Знаешь, сколько раз я это замечала? Даже говорила, что за это мне должны были давать бесплатно!

— Вот видишь. Кстати, посмотри вокруг. Когда мы зашли в кафе, здесь почти никого не было. А погляди-ка сейчас.

Я оглянулась и удивилась: за многими столиками сидели люди.

— И что это значит?

— Значит, что ты не такая, как все.

— А какая?

— Такая, за которой шлейфом тянется энергия — твоё биополе. И такая, которую раз встретив, никогда уже не забудешь.

— А почему? И для чего? И... как ты думаешь, есть что-то после смерти?

— Я — коммунист.

— Нет, я тебя спрашиваю, а не коммуниста в тебе.

— Ладно, вижу, что не отстанешь, — он улыбнулся. — Я читал Библию и другую литературу, которой нет в библиотеках. И вот к какому выводу пришёл. Есть два мира, материальный и духовный. И нет между ними неравенства, хотя бы по той простой причине, что один не может существовать без другого. Значит, кажущаяся смерть материи, то есть, нашего тела, есть только полный переход материальности в духовность.

— Значит, что-то есть?

— Значит, что-то есть.

— А что?

— Если бы оно, это что-то, хотело, чтобы мы это знали, оно бы нам это сообщило. Тебе не кажется?

— Логично. Даже очень логично. Но всё-равно любопытно.

Он улыбнулся:

— Дерзай! Ищи ответ и может быть найдёшь.

— Обязательно найду! Вот увидишь! Знаешь, мы с Ленкой считаем, что Земля — часть Вселенной. Но обе не знаем, зачем на Земле люди.

— Это знает Вселенная. Мы все — часть Вселенной. Даже этот шницель, который ты сейчас доедаешь.

— Да? А как это доказать?

— Цепочкой логики. Но это длинный разговор. И серьёзный. А сейчас мне хочется только одного — наслаждаться твоим "напротив", — и в его глазах мелькнула вспышка. — И потом, лучше, если ты сама к этому придёшь.

Я подумала и согласилась с ним.

— Хорошо. Я и Ленке это обещала. Только вот что ещё скажи. Если это что-то есть, тогда наша любовь никогда не умрёт?

— Да, никогда. Даже если умрём мы.

Он пристально посмотрел мне в глаза и добавил:

— Любовь никогда не умирает. Если кто-то из двоих покидает этот мир, его любовь продолжает жить в памяти космоса и того, кто остался жить. Она будет защищать и согревать ему душу и никогда его не оставит.

— Нет. Если ты умрёшь, я тоже умру и мы встретимся в том "что-то".

Опять пристальный взгляд.

— Если там допускаются свидания, — усмешка, а затем, — Нет, чтобы смерть одного не стала пустой бессмыслицей, другой должен продолжать жить и тогда в его памяти продолжит жизнь и ушедший.

И тут же, совершенно другим голосом, будто смыв губкой всё, что только что сказал, попросил:

— Ладно, давай про чачу, запитую водкой.

Помню, как хотелось продолжить предыдущую тему. Нет, не было ещё ни малейшей тревоги. Но видимо что-то, всё-таки, насторожило моё подсознание. Может быть, этот взгляд, которым он смотрел на меня, когда говорил о бессмертии любви? Не знаю, но точно помню, что даже эхо тревоги тогда во мне не родилось.

Я подчинилась и рассказала ему об Ольке, Ленке и Ирке.

— Значит, бывает и такое? Послушай меня. Не оголяй душу. Иначе, или сломаешь её, или очерствеешь. Ты не можешь впитывать в себя всю горечь Земли.

— Они мои подруги!

— Они тебе или ты им?

Я споткнулась. Как всегда, он был прав.

— Всё равно. Я их люблю.

— Нет, ты просто очень хочешь их любить. И очень хочешь верить, что и они тебя любят. Любовь — это чувство равных, понимаешь? Пойми, чтобы тебя выдержать и удержать, надо очень, очень сильно тебя любить. До самоотречения. И быть с тобой на одной скорости. Иначе — или сам сбежишь, или ты уйдёшь. Не говоря уже о всяких там завистях, сознаниях собственного нижестояния и т.д. Никого у тебя нет, кроме твоей московской подруги.

— И тебя!

Он улыбнулся:

— Ты поняла меня?

— Если честно, то не очень. Я никак не пойму, почему меня надо выдерживать?

— Потому, что ты признаёшь только белое или чёрное, и твой девиз — "Или Цезарь или никто!" А это означает, что и тот, кто захочет быть с тобой, тоже должен перестать признавать цвета и взять своим девизом твой. А это — ой, как не просто! А главное, что и не обманешь тебя! Твои глаза мгновенно почувствуют любую, самую малейшую фальшь. Теперь понятно?

— Понятно. Но...

Он прервал меня:

— Ты и из меня чуть ли не святого сделала.

Мы весело рассмеялись.

— Но всё-таки, я же не в тягость тебе? Ты же не выдерживаешь меня, как тяжесть?

— Нет. Потому, что я...

Он замолчал, но его глаза, враз заблестевшие звёздами, закончили начатую фразу, и мне до исступления захотелось его губ.

— Пойдём?

Я протолкнула в ещё не расслабившееся горло компот, и мы вышли из кафе. Моя рука опять надёжно спряталась в его ладони, и это чуть затупило остроту жажды.

— Пошли к метро. Там позвоню Светланке. Скажу, чтобы уже выезжала и захватила мои коньки.

И меня как прорвало:

— Ну, зачем? Зачем ты хочешь нас познакомить? Зачем?

— Бесполезно. Уже всё решено, и вы сегодня познакомитесь. И не спрашивай меня зачем и почему, так как я и сам не знаю ответа на этот вопрос. Но если уж так получилось, давай не будем идти против волн. Хоть Мао Дзе Дун и сказал, что только идя против течения можно воспитать подлинно революционный характер, давай не будем делать из себя революционеров. А если серьёзно, то я всегда чутко прислушиваюсь к цепочкам событий и стараюсь никогда им не мешать. Ведь жизнь — это только огромная шахматная доска. Настолько огромная, что просто невозможно просчитать все её ходы, а тем более, последний, -- причину и смысл её ходов-событий. Договорились?

Я смирилась. У меня не было ответного хода. Но этот вопрос был естественным следствием всего, что он только что сказал:

— Значит, ты веришь в судьбу?

— Нет. Я верю в право выбора, но не верю, что правильных выборов больше, чем один. И верю, что за ошибки придётся расплачиваться. Как по прейскуранту цен.

— Здорово!, -- я чуть не подпрыгнула от восторга, -- Как здорово ты сравнил!

И вновь желание его губ сильно пошатнуло землю.

— Пойдём лучше обратно? В нашу квартирку, а?

Он остановился, повернул меня к себе и, прямо посреди улицы, жадно поцеловал. У меня отнялись ноги, и я забыла обо всём на свете. Но он оторвался и чуть задыхаясь, сказал:

— Хочу, до головокружения, опять тебя хочу. Но мы поедем на каток! Ясно?

И обняв меня за плечи, поволок к метро, где и позвонил дочери.

Выйдя из подземки, мы пошли в мороженицу, где должны были встретиться со Светланкой. По дороге он рассказал об их утренней встрече. Так я узнала, что именно она настояла на нашем знакомстве. А если учесть, что мне уже давно было известно, насколько близкой была их духовная связь, ты поймёшь, почему меня так съедало волнение — я боялась, что эта девушка встанет между нами.

Но в кафе, почему-то, сразу наступил покой. Полный! Наверное, сработала моя дельта — никак не могла представить себе хоть кого-то, кто смог бы его у меня отнять. Лишь один рок мог это сделать, но только не живой человек!

Мы отстояли очередь, взяли три порции мороженого с шампанским и, усевшись за столик, стали болтать о всякой и всяческой всячине. В конце концов, он спросил:

— Вижу, ты совсем перестала нервничать. Почему?

— Ты про Свету? Просто я поняла, что из нас двоих я — сильнее. Значит, это она должна волноваться, а не я.

— Почему же?

— Если она меня не примет, то потеряет тебя. Не я тебя, а она.

Секунду он молчал, застыв в изумлении, а потом весело рассмеялся:

— Сдаюсь. Я просто обожаю тебя.

И в этот момент над нашим столиком раздался задорный, свежий голос:

— А вот и я!

Я подняла голову и удивилась. Знаешь, имя Светлана волей-неволей внушает ощущение чего-то светлого, лёгкого и воздушного, а эта девушка была вылитая он! Такая же смуглая, стройная и высокая, с распущенными чёрными длиннющими волосами и почему-то зелёными глазами. Белый тёплый берет подчёркивал свежесть красивого лица, а курносенький носик и отсутствие даже следа косметики усиливали это ощущение чистоты и наивности, исходящее от всей её фигуры.

И она сразу мне понравилась. Может быть, потому, что так сильно походила на него? И так много искреннего любопытства было в её глазах? Не знаю, но уже через несколько секунд, в течение которых мы рассматривали друг друга, мы обе одновременно улыбнулись. Тогда я встала и первая протянула ей руку — официальное знакомство состоялось.

— Вижу, что вы друг другу понравились. Рад. Впрочем, не сомневался. А теперь садись и ешь мороженое, а то совсем расстает.

Светланка уселась и предложила тост:

— Давайте за знакомство! И за дружбу. И за то, чтобы мой папуля был всегда такой счастливый!

От неожиданности я даже смутилась, но он и глазом не повёл. Видимо, он в самом деле хорошо знал свою дочь. Просто улыбнулся и поднял бокал. Мы чокнулись, выпили и взялись за мороженое.

Потом Светланка посмотрела на меня и спросила:

— Скажите, а как я вас должна называть? На "вы" и по имени отчеству?

На "вы"?! Да по имени отчеству?!

— Предлагаю тост на брудершафт. Согласна?

— Идёт!

Выпили, чмокнулись в щёчку, и мне показалось, что мы знакомы уже тысячу лет.

Знаешь, я прекрасно понимаю, насколько двоякой, выскальзывающей из всех стандартов и нормативов была ситуация, в которой я оказалась. Да и не только я — все трое. Ведь, если назвать каждого из нас точными наименованиями, соответствующими нашим ролям, то ничего приятного из этого не получилось бы. Но уверяю тебя, ни я, ни Светлана, ни он не ощущали этой двусмысленности происходящего. Думаю, что любые ситуации имеют только тот запах, который им придают мысли и души их участников. И не моя вина, что в 99 случаях из

100 она имела бы так хорошо нам знакомый, удушающий, зловонный запах пошлости.

Как весело и раскрепощённо мы посидели в той мороженице! О чём только не поболтали, о чём только не пошутили! И каким чистым, заразительным смехом не раз потрясли кафешку! И... и как я завидовала этой девчонке! Как завидовала, что у неё такой папа! И как этому позавидовали бы, кто его знает сколько, других детей. И ты — тоже. Почему женщины, прежде чем рожать, не подумают прежде всего об этом?! Как часто в ответ на это "почему" они говорят: я хотела иметь детей. Я!

Ладно. Пусть их. Не я им судья. По прейскуранту цен...

А потом был каток. И если я даже долго, очень долго буду думать, какие два часа в моей жизни были самыми бесшабашно-сумасшедше-счастливыми, я всё равно никаких других не найду.

Вечером, вконец измочаленные, но переполненные счастьем, мы медленно плелись к метро. Он шёл посередине, Светланка висела на его руке, а я просто шла рядом — постеснялась коснуться его при ней. И помню, как неожиданно оказалась она между нами и взяла нас обоих под руки.

— Пап, а ты сейчас, домой? Или.. ну... — она запнулась, но потом резко, явно с усилием, закончила. — Или пойдёшь с Таей?

Он не мялся ни секунды:

— С Тайви.

— А что сказать маме?

— Я ей позвоню.

— А когда придёшь домой?

— В понедельник.

И вмиг захолонуло сердце, а вскипевшая кровь застопорилась в венах. Наверное, так же чувствуют себя в затяжном прыжке. Слишком много счастья и слишком огромными порциями, до невесомости!

Светланка долго молчала, а потом спросила:

— Пап, а что будет дальше?

И тогда он тоже надолго замолчал. Мы дошагали до метро, прошли пропускные автоматы и только на лестнице, стоя на ступеньку ниже нас, он ответил:

— Вот что я тебе скажу, Светланка. Есть чувство, которое раз родившись, сразу же несёт в себе и ответ на твой вопрос. Оно спокойно, надёжно и каждодневно уверенно. Но... пресно. А есть другое, которое всё, как залежь неизвестности, щемяще-желанной и огромно-необъятной, — он помолчал. — Да. Но в такой любви не бывает ответа на твой вопрос.

Никогда он не говорил так красиво, и никогда не говорил о своих чувствах с кем-то другим при мне. Что-то толчком возликовало под грудью. И я закрыла глаза, чтобы не видеть его губ, иначе попросту, позабыв обо всём на свете, кинулась бы к нему на шею. И поняла, что до самозабвения уже соскучилась по его теплу.

— Ясно! Тогда я тоже хочу только такую любовь. Такую, как у тебя. Нет, у вас.

Но на этот раз Светланка заметно смутилась, хотя и постаралась это скрыть.

Мы сошли с эскалатора и сквозь толпу пробрались к поезду. Вышли через несколько остановок и разошлись на переходе. Перед расставанием она подошла ко мне и сказала:

— Я очень, очень люблю моего отца. Пожалуйста, сделай так, чтобы он почаще был таким... таким... — но она так и не смогла подобрать нужное ей слово, и поэтому закончила просто, — счастливым. Ладно?

Мне нечего было ей ответить. Поэтому я только кивнула, и мы расстались.

В поезде я взмолилась:

— Не хочу в ресторан. Поедем домой, а? Я устала и... и

Мои глаза договорили без слов. Неожиданно он согласился:

— Я тоже сейчас более всего на свете хочу оказаться с тобой наедине. И потом, скоро твой день рождения. Вот тогда и потанцуем. Хорошо?

Вместо ответа я взяла его за руку и счастливо улыбнулась.

На выходе из метро он отошёл позвонить. Я видела его, но не слышала о чём и что он говорил. Положив трубку, он набрал ещё чей-то номер, и только после этого вернулся ко мне.

— Завтра поедем на дачу, познакомлю тебя с Толиком и Машей, его женой. Будут шашлыки! Уже замачиваются.

Час от часу! Прям, смотрины какие-то!

— Ещё и это? Ну, зачем? Зачем?

Мы медленно шли по уже остывшей, неуютно-холодной улице, и его голос тоже показался каким-то остывше-неуютным-отдалённым.

— Пойми, жизнь — долгая. И тебе нужен надёжный тыл. Эти люди — самые близкие, самые родные мне люди, и я очень хочу, чтобы ты с ними познакомилась. Запомни, что бы ни случилось, ты всегда сможешь прийти к ним за помощью.

— Зачем? Ведь у меня есть ты! И всегда, всегда будешь!

Но он ничего не ответил, а у меня так и не появилось даже отголоска какой-либо тревоги. Я просто его не понимала.

— Почему ты молчишь? Разве это не так?

Он остановился, притянул меня к себе и поцеловал так, будто не видел меня минимум месяц. А когда смог оторваться, выдохнул:

— Пойдём быстрее домой.

И сразу стало жарко.

Быстрым шагом мы добрались до подъезда дома, промучились нетерпением в лифте, зашли в квартиру и, сбросив с себя пальто, смогли наконец отпустить уже так оглушающе воющие и дымящиеся от перенагрузки тормоза самообладания.

И опять, как в последний раз, и опять, как на краю пучины, и опять, как перед вечной ночью разлуки. Никогда он так долго не держал меня в невесомости, никогда так долго не мучил сладостью полёта и никогда так ненасытно, так взахлёб не пил мою ласку. А когда с громким и тугим выкриком были, наконец, выдернуты обе чеки и раскрывшиеся парашюты плавно опустили нас на землю, он в накормленном, утихомиренном зыбытьи прошептал:

— Только не вростай в меня, не вростай в меня всей плотью с кровью. Не вростай. Слышишь? Не вростай...

И вот только тогда я почувствовала что-то похожее на лёгкое дуновение тревоги. Нет, даже не тревоги! Это была какая-то странная смесь изумления его необузданной, скорее даже отчаянной ненасытностью, и первого абсолютного непонимания происходящего в его душе. И подозрения, что сколько бы я ни допытывалась, сколько бы ни пыталась докопаться до этого чего-то, у меня бы ничего не получилось — он бы меня туда не пустил. Я наткнулась на запрет, нащупала дорожку в его душе, пройтись по которой он бы мне не разрешил.

И я лежала, не двигаясь, выжатая досуха и до основания души выпотрошенная, и наверное поэтому думала об этом совершенно спокойно и холодно. Но так и не смогла выискать хоть сколько-нибудь вразумительное объяснение моему, вдруг появившемуся, ощущению выросшей между нами стены. И тогда я сказала:

— Ты не такой. Не такой, как всегда. Но я знаю, что ты ничего мне не объяснишь.

Потом повернулась к нему и заглянула в его синеву. Но он отвёл взгляд.

— Значит, я не ошиблась.

И тут меня как хлестнуло. И взрезало горло:

— Ты... ты хочешь оставить меня?

34

Лепова

Утром того же дня, Ира возвращалась домой из булочной, держа подмышкой ещё тёплый кирпичик хлеба. Она поднималась по лестнице, как вдруг, невысокий, чернявый парень, перепрыгивая через две ступеньки, догнал её, преградил дорогу и выпалил:

— Слушай, давно хочу с тобой познакомиться. Да всё не решался. А сейчас, вот набрался храбрости и подошёл. Приглашаю тебя в кино. Меня Андреем зовут. Знаю, что ты — Ира. Пойдём?

Это было так неожиданно и так нестандартно, а настроение у неё было таким чёрным, что она тут же согласилась. Парень расцвёл, сказал, что зайдёт к ней через час, и испарился так же быстро, как и появился. Ира дошагала до дома, всё ещё удивляясь произошедшему, поставила чайник, и только села завтракать, как кто-то постучал в дверь. После её "Да!" на пороге показался Андрей.

— Ира, ты только не ругайся. Но час — это так много, целых 60 минут! Поэтому...

— Тогда давай завтракать вместе. Будешь?

Андрей не спускал с Ирки влюблённых глаз, и она всё более и более свежела и всё искреннее и раскрепощённее улыбалась его шуткам. Мало-помалу, в разговор стала вступать и она, и к концу чаепития они были уже друзьями.

Потом был поход в кино и гуляние по городу. И радость первому, по-настоящему, весеннему дню. Вечером они расстались, договорившись, что и воскресенье проведут вместе. И когда Ира вернулась домой, она улыбалась. Парень явно ей понравился, и весь пережитый ужас содеянного над собой стал медленно покрываться новой радостью. Радостью быть нужной кому-то.

Вечером в воскресенье, вернувшись в общежитие самой влюблённой, самой зацелованной и самой счастливой после целого дня, проведённого вдвоём с Андреем, она заметила, что в её ячейке лежало письмо. Дрогнули руки, вскрикнуло сердце. Ибо это письмо было от Дениса. А от Андрея ничего не укрылось.

— Что с тобой? Что это за письмо?

Она не ответила. Лишь беспомощно на него посмотрела. Он взял из её рук конверт — она не пошевелилась. Тогда, перестав колебаться, Андрей распечатал его, отвёл Иру в сторону и прочитал вслух.

Денис писал, что долго не получал почту, что лишь сейчас прочёл её письмо, что предыдущее он написал в порыве, после того, как получил облучение. Он просто боялся, что не сможет иметь детей, и не хотел приговаривать её к такой судьбе. Но всё обошлось, он оказался здоров, и тоже безумно её любит и умоляет простить.

Андрей окаменел, а Ирка разрыдалась.

Содина

Рассвело. Гриф ещё спал, тихо посапывая. С вечера, после их близости, Оля тоже быстро отключилась, но потом проснулась и больше не заснула. Её мучила, выкручивая нервы, ревность. Накануне, в пятницу, она случайно увидела его в метро с какой-то женщиной. В этом не было бы ничего странного, — мало ли с кем он мог идти? — если бы не большущая сетка с картошкой, которую он тащил. Оля сразу поняла, что эта ноша принадлежала не ему. Гриф никогда не отличался галантностью, никогда даже ей не помогал с сумками. А тут...

И Оля продолжала не спать, и что-то тоскливо-монотонно подвывало в её душе.

Наконец Гриф пошевелился и открыл глаза.

— Кто была та женщина? Я хочу знать.

От неё не укрылись ни его секундная заминка, ни нота раздражения в голосе:

— Какая женщина? Может, сначала сделаешь кофе, а потом начнёшь ревновать?

— Ты прекрасно знаешь, о какой женщине я говорю!

— Слушай, хоть бы проснуться дала спокойно! Не знаю я про какую такую бабу ты говоришь! Не знаю и знать не хочу!

— Ты ей картошку нёс!

Гриф даже не взглянул на неё. Резко встал, не обращая никакого внимания на Ольгины выкрики и упрёки, оделся и только тогда сказал:

— Хотел с тобой субботу провести. Всё настроение испортила. Мастер ты на это. В общем, когда сумеешь удавить свою ревность — свистни. Всё. Я пошёл.

И ушёл. А Оля зашлась в истерике.

(“Быть ревнивым — верх эгоизма”. Honore de Balzac).

Алка

В тот же день, после обеда, Антонов провожал Аллу домой. Они только что побывали в кино.

— Володь, давай я пойду с тобой на репетицию? Так не хочется расставаться! Я не буду мешать! Посижу, послушаю. И потом, из-за твоих проклятых репетиций я почти перестала тебя видеть. Всё время пропадаешь со своим ансамблем. Я не могу целыми днями сидеть дома и ждать твоего звонка!

— А я и не заставляю тебя сидеть дома и ждать моих звонков.

Алка опешила. И сильно скребнуло по сердцу.

— Ты не хочешь меня больше видеть?

— Я этого не сказал. Но и сидеть дома я тебя никогда не заставлял.

Он ещё ни разу с ней так не говорил...

И вдруг, все последние события выстроились перед ней в одну неразрывную, чёткую цепь. С тех пор, как она наотрез отказала ему, как мужчине, он стал всё реже и реже ей звонить. Как следствие, поредели и их встречи. А когда, наконец, раздавался звонок, она летела к нему, как за весной, всё ещё надеясь на оттепель. Но она не наступала, звонки неуклонно редели, а сердце всё надрывнее и громче выло от тоски.

А вот сегодня — ещё и это. И Алла растерялась. Всё, в чём она так безапелляционно была уверена, потеряло чёткость и ясность очертаний.

— Ты... ты больше не хочешь со мной встречаться? Я надоела тебе?

— Зачем ты задаешь эти вопросы?

— Мне уже давно кажется, что ты ко мне охладел. За сегодня, например, ты ни разу меня не поцеловал. И даже не обнял...

— Алла, если бы ты мне надоела, я бы так тебе это и сказал. И вообще, есть одно изречение: пытаться выяснять отношения, это только ещё сильнее их запутывать. Так давай не будем ничего выяснять. Разве тебе не хорошо со мной? А про поцелуи... Я уже не один раз тебе говорил, что я — мужчина, и одних поцелуев мне мало. Зачем же себя раздражать понапрасну?

И Алка окончательно потеряла свой мир. Только его отражение, как на воде, по глади которой загулял бриз, зарябило перед глазами. Страх потерять Володю и только из-за того, что она никак не соглашалась на это, обезволил её...

— Ты любишь меня?

— Опять вопросы? Ну зачем ты задаёшь такие вопросы?

— Я просто боюсь, что если... ну, это случится, ты меня разлюбишь.

— Когда это случается, только ещё больше любить начинают.

Он остановился, притянул её к себе и жарко поцеловал. Потом тихо шепнул:

— Пойдём со мной. У меня есть ключи от дома, где никого, кроме нас, не будет.

У Алки перестало биться сердце, когда она испуганно-обречённо кивала в ответ. Она просто закрыла глаза и отдалась воле ветра. Ветра его слов...

Волжанова

Ленка проплакала всю ночь. Накануне, в пятницу, сразу после обладания ею, Бергер откинулся на подушку и спокойным, удовлетворённым голосом, будто говорил о недавно просмотренном скучнейшем фильме, сообщил, что уже знает, когда уедет — осенью.

Она смогла выдержать. Но только потому, что лежала. А он и не заметил, как в клочья разорвались у неё внутренности. И теперь, лёжа в своей кровати, она беззвучно плакала, стараясь не разбудить подростка-брата. И пыталась представить себе, что же с ней будет, когда придёт эта осень.

Лена, я специально остановилась на тех двух днях в жизни моих подруг — моего окружения, моих пазов в обруче одиночества, чтобы ты ясно и чётко прочувствовала куда, в какую атмосферу, я должна была вернуться. Всё равно должна была вернуться, оставил бы он меня, или нет. Но если бы он ушёл... У каждой души есть свой предел прочности. Моя была на красной черте...

Бикфордов шнур горел, и день ото дня, всё больше и плотнее задымливалась, темнела и мрачнела радость, и всё глубже и безнадёжнее мы увязали в трясине обессмысливания жизни. Разрозненные куски туч, притягивая друг друга, постепенно сливались в одну сплошную, монолитную массу, и уже очень скоро, всего через пять недель, из неё должен был низвергнуться гром. Нет, не гром — взрыв. В эпицентре была я. Но и осколки не минуют никого.

Он вздрогнул. Его озёра вновь отдали свою лазурь моим. Долго, очень долго мы плавали друг в друге. И всё, что во мне ещё было способно чувствовать, верить и любить, стало иссыхать, желтеть и вымерзать. И я поняла, кого имеют в виду, когда говорят, что он — не жилец на этом свете: так говорят о таких, какой становилась я.

Наконец...

— Сначала ты ответь. Ты сможешь? Ты сможешь оторваться от меня?

Передавив в гортани стон, я ответила:

— Не покидай меня. Я всё смогу. Всё! Только не сейчас. Не сейчас. Выжди, когда смогу. Пожалуйста, пожалей меня...

И вдруг, живая, прозрачно-чистая вода его озёр вышла из берегов. Он не стал скрывать своих слёз, даже не пошевелился. Только тихо капал молчаливыми, скупыми росинками любви.

И бездумным выплеском зазвенело отчаяние в моём горле:

— Я люблю тебя, люблю! Живу тобой, дышу, существую тобой! Никогда, никогда мы не потеряем друг друга. Никогда! Всем смертям назло мы будем вместе, всегда будем вместе, даже если нас разлучит судьба! Не убивай, слышишь? Не убивай нас!!!

Он рывком притянул меня и долгим, бесконечным поцелуем зарастил только что нанесённую рану. Его голос, как напился — ожил:

— Не будем больше об этом. Хорошо? Отлично. Тогда вставай и пошли на кухню. Мужчин надо кормить!

Нет, Ленка. Не думай, что я хоть что-то тогда поняла. Всё, что я выкрикнула, извергла из себя прорвавшимся на волю гейзером, было простым озвучиванием сердца. А я очень хорошо научилась его слышать. И подчиняться ему даже тогда, когда мозг оставался ещё в полной прострации непонимания.

Ещё несколько минут наши тела пролежали в изможении от пережитого всплеска. Потом мы

127

накинули на себя халаты и прошли на кухню. И стали чистить картошку. Но зарубина страха не заровнялась, не исчезла. И я изо всех сил пыталась совладать с руками, чтобы своей дрожью они не выдали моего состояния. Всё время меня предавало тело, и только голос оставался мне верным слугой.

— А куда она пойдёт учиться после школы?

— В университет. Собирается стать инженером-механиком. Она обожает металл.

— Да? Вот не подумала бы!

— Спой мне что-нибудь. Из той оперы. Прямо так, без сопровождения.

Я опешила. Нет, я ошарашенно онемела. Но только на мгновение. Глубоко вдохнула и запела. Про Ладогу.

Время давно стёрло из памяти оригинальный текст той арии. Поэтому я передаю его тебе по памяти сердца. Оно не забывает никогда.

Ручёнки-стебельки
Без хлеба, как без влаги,
Безжизненно лежали
В руках у мёртвой мамы.
Шофёр заклял снаряды,
Вгрызаясь в снег зубами!
Над Ладогой стенали
И выли в хрип педали!

А на коленях мамы
Застыл кусочек хлеба,
Им накормить ребёнка
Она уж не успела.
Он был, как камень, твёрдым,
Как ломоть льда холодным,
А ротик у ребёнка —
Колодцем пересохшим.

Смочить бы хоть немного!
Призвав на помощь Бога,
Последним вздохом тела

Она взмолила небо!

И, сжалившись над нею,
Упала бомба рядом,
И льду скрутила шею,
И выплеснулась страхом!
Вмиг Ладога смочила
Тот хлеб водой, как кровью,
И вдосталь накормила
Дитя своей любовью!

Картошка весело шкворчала на огне, слабо
дребезжали от порывов ветра оконные стёкла, и
ничто другое не нарушало наступившую тишину. Он
впервые слышал мой голос, вернее, голос моей души,
а я впервые пела для него. Только для него. И не
захотела замолчать. Вновь полились песни и не
останавливались, пока опять не задымила, от
недостатка к ней должного внимания, наша
картошка. Запах её возмущения заставил нас
очнуться. Он улыбнулся:

— Нам явно нельзя жарить картошку. Она нас
недолюбливает и поэтому всегда подгорает.

Мы расслабленно рассмеялись. Опять ясной
синью засветились наши озёра, и мы спокойно
уселись ужинать. И всё-таки, где-то очень далече-
глубоко, затаилось жальце тревоги и редкими
покусываниями не давало о себе забыть.

— Знаешь, если бы я мог полюбить тебя сильнее,
то услышав, как ты поёшь, так и случилось бы. Но
дальше уже некуда. Видимо, и в космических
пространствах есть свои пределы, — он улыбнулся, а
у меня защурилось от радости сердце. — Но вот что я
хочу тебе повторить. Прошу тебя, очень тебя прошу,
не оголяй душу. Не оголяй. Это очень больно, когда в
неё плюют.

— Она у меня крепкая, выдюжит.

— Я не шучу. Ты сейчас пела и... и я понял,
насколько ты ранима. И понял наконец, почему был

тот ночной парень с эстафетой и те рельсы. Не хочу, чтобы произошло ещё что-нибудь подобное.

— Не произойдёт. Ведь ты теперь — со мной.

Долгий взгляд и слова:

— Да, я с тобой.

И истлело в труху прописавшееся было во мне беспокойство, и всей душой я опустилась в надёжную, тёплую затишь его "рядом".

Мы поели и, пока пили чай, долго и подробно говорили о моих подругах и о том, что с ними происходит. И о тебе. Помню, как всколыхнули меня его слова:

— Ты должна понять главное. Если человек решает уйти из жизни, не в порыве, не под впечатлением свежей, режущей раны, а выносив, вымучив, выхолив и взрастив в себе это решение, никто и ничего не сможет его остановить. Даже если в последний момент кто-то или что-то ему помешает, он всё равно повторит свой шаг. Таких уходов мало. Практически единицы, но есть. И ты должна это хорошо себе уяснить.

— Почему ты мне это говоришь?

Он даже глазом не моргнул:

— Просто хочу, чтобы ты поняла, что далеко не всегда мы можем нести ответственность за чужую жизнь.

Я спокойно подумала и хладнокровно с ним согласилась. И этим ещё раз подтвердила, что теория, если она не пропущена через кровь, остаётся лишь теорией, красивыми и пустыми фразами. Потому что душа моя его слова не впитала...

Только много позже я поняла, что уже тогда, тогда! он говорил мне о тебе и пытался хоть как-то подготовить меня к самому худшему...

Было уже поздно, когда мы допили чай, около одиннадцати.

— Иди в душ, а я тут пока приберу. А потом бегом в кровать.

— Давай я помогу тебе с посудой, и мы вместе пойдём в ванную.

— Нет, — он улыбнулся, — нам надо отдохнуть. А если я заберусь к тебе под душ, то опять сойду с ума. И тогда завтра ты меня и подъёмным краном не поднимешь.

Он мягко развернул меня за плечи и подтолкнул к выходу из кухни.

Хорошее дело — душ. Будто смываешь с себя не только физическую усталось, но и душевную. И когда я добралась до кровати, то почти мгновенно заснула.

Утро началось с запаха. Как ты уже догадался, это был кофе. Я открыла глаза, но в комнате никого не было. Значит, благоухало из кухни. Догадалась, что он вот-вот принесёт мне кофе, и блаженно растянулась на кровати, вновь закрыв глаза. Почти сразу услышала его приближающиеся шаги, но не пошевелилась. Он подошёл и мягко коснулся губами моего плеча.

— Пора! Уже почти десять. Нас ждут к обеду.

Я открыла глаза и улыбнулась его бирюзе. Потом села, взяла в руки чашку с горячим кофе и спросила:

— А ты уже пил?

— Это только принцессы спят до обеда. А я уже и позавтракал, и душ принял, и, от нечего делать, старые газеты пролистал. Но не торопись, время ещё есть.

Я ела бутерброд, запивая кофе, а он сидел рядом и рассказывал о Толике и его семье.

— А разве у нас есть наркотики? И наркоманы?

— Официально — нет, но они есть. Конечно, не в таких размерах, как на западе, но есть. Я бы очень тебя попросил быть поосторожнее с этой гадостью, если она когда-нибудь пересечёт тебе дорогу.

— Я не собираюсь быть наркоманшей!

— Не в том дело. Никто не собирается хоронить себя живьём, но почему-то это, всё-таки, случается. Тут не в твоих намерениях дело, а в твоём неуёмном любопытстве. Так вот, запомни, наркотики — это любопытство полёта в пропасть без парашюта.

— Но сын же их выкарабкался?

— Вылезти из этого ада, это — как выиграть в мировую лотерею. И потом, человек, раз побывавший в этом омуте, очень легко может снова туда скатиться — тормоза уже изношены. Малейший толчок и... Так что о том, что их сын выкарабкался, можно будет с уверенностью сказать только лет, так, через десять. Да и то, эта уверенность никогда не станет стопроцентной.

— А где их продают?

— Даже в общежитиях. И на первый раз раздают бесплатно, так сказать, попробовать. А кто не удержит своей любознательности, тот уже от них не сбежит. Как в силки попадается. Понятно?

— Понятно. Неужели бывает и такое?

— К сожалению, да. Помнишь, ты спрашивала меня, со всем ли я согласен в нашей стране? Все эти разговоры про свободы и так далее — чушь собачья. Наркотики — вот где настоящая проблема, и вот где я совершенно не согласен с политикой нашего государства. Потому, что эта политика требует её замалчивания и скрывания. Вот где ужас и одно из моих самых категорических разногласий.

— А почему это так страшно?

— Потому, что выводит из строя наше будущее — молодёжь! И в очень многих случаях только потому, что никто из них не знает, что означают эти наркотики! Представь, даже сейчас, рассказывая тебе об этой заразе, я грубо нарушаю свой обет молчания, и если об этом узнают, мне очень и очень попадёт.

Его раздражение, сильно подсолёное гневом, проняло меня насквозь, и я тут же ему пообещала:

— Обещаю, что никогда не залезу со своим любопытством за эту черту!

Ленка, я не знала тогда, что даже здесь он сумел предвидеть будущее!

Он глубоко вздохнул, успокаиваясь.

— Знаешь, из всей этой истории мне более всего жаль именно Толика. Где-то полгода назад у них освободилось место начальника отдела. По всем прогнозам, его должен был занять он. Если бы ты знала, как он об этом мечтал! А дали другому.

— Из-за сына?

— Из-за сына. И это — ещё один пункт моего несогласия с позицией государства.

— Как обидно! Он же не наркоман! И не работает там, где ты!

— Да. Ладно, поднимайся и поехали.

— Без твоего поцелуя не встану.

Он улыбнулся, а в глазах его мелькнула искра.

— Если я тебя сейчас поцелую, мы никуда не поедем.

— Прекрасно! Я вовсе не хочу никуда ехать!

Секунду он колебался, но потом решительно встал и бодрым голосом заявил:

— Не выйдет! К Толику мы всё-равно поедем, даже если я за весь день тебя ни разу не поцелую. Ничего, у меня вся ночь впереди, наверстаю.

У меня радостно ёкнуло под сердцем, и я легко вскочила с кровати.

На улице нас встретила зима. Вернее, если накануне зимний день скорее походил на преддверие весны, то теперь уже ничто не напоминало, что через пару дней начнётся второй весенний месяц. Небо опять вернуло себе ленинградский цвет, а холодный ветер разгуливал полноправным хозяином по выметенным от людей улицам. Говорить было невозможно — он тут же срывал с губ слова и швырял их в пустоту. Только в метро я поведала ему мою давнишнюю мысль:

— Знаешь, мне иногда кажется, что если бы мы встретились не здесь, не в этом городе, продавшем душу зиме, а где-нибудь у южного моря, где столько солнца, что просто невозможно стыть душой, то всё бы у нас сложилось по-другому. Не знаю как, но по-другому.

— Не согласен. Мы не стынем душой, мы просто повязаны по рукам и ногам. А эти верёвки везде одинаковые, что здесь, что на Камчатке, что на Чёрном море.

— Да, но там, где так много солнца, они не так сильно режут.

— Интересная мысль. А знаешь, что хотел бы узнать я? Сколько приходится случаев самоубийств на душу населения в тёплых и холодных странах. И сравнить их.

— Здорово! А это возможно?

— Было бы возможно, если бы они существовали.

— Почему никто не додумался это подсчитать?

—Может и додумался, да не смог, потому что такие данные в нашей стране засекречены. И статистические управления даже при желании не смогли бы этого сделать.

— Не слишком ли много у нас секретов?

— Наверное считается, что лучше пересекретить, чем недосекретить.

Мы рассмеялись. И тут меня осенило:

— Знаешь, я ещё вот о чём подумала. А ты не допускаешь мысль, что твоя жена, потеряв терпение, позвонит тебе на работу и пожалуется на твоё поведение?

Я не ожидала последовавшей реакции! Я просто болтала, перескакивая с одной мысли на другую, вовсе не задумываясь почему и зачем. А получилось так, как когда из сотен выстрелов наугад обязательно один попадает в цель!

Он резко, очень резко отодвинул меня от себя и жёстким, враз обледеневшим голосом спросил:

— Откуда ты это знаешь?

Представляешь мою растерянность, изумление и даже страх?!

— Что? Что знаю? Я ничего не знаю! Почему ты так.. так.. я не понимаю тебя!

Он долго, очень долго инквизиторским взглядом рылся в моей душе. И лишь после целой вечности состояния подвешенности, я почувствовала, как он расслабился.

— Прости, но об этом разговоре с моей женой знал только я. И она. Поэтому я так... Прости. Впрочем, это не имеет никакого значения.

Так вот оно что! Я смотрела ему в глаза и всё глубже проникала в смысл произошедшего. И чем яснее он становился, тем увереннее убегала из под ног земля, и тем сильнее стучало в висках, и всё более плотной испариной покрывался лоб. Я поняла, что он просто отмахнулся от этой угрозы, что он никогда ей не подчинится и никогда до неё не унизится. А это означало, что теперь я, и только я должна буду взять на себя весь ужас отрыва от него.

Да, Лена, самое страшное было даже не то, что мне опять пришлось бы жить и дышать без него. А то, что мой уход не должен был зародить в нём даже подозрения, что он был вызван желанием спасти его от жены! То есть, надо было взлететь легко, улыбаясь, пушинкой! Но оставив всю кровь на земле...

Я больше не смотрела на него. Просто ослепла и потеряла ощущение пространства. Только его прикосновение заставило меня пошевелиться — мы доехали. Машинально я последовала за ним, обходя встречных людей и обгоняя тех, кто шёл к выходу из метро. И глубоко, очень глубоко дышала, стараясь восстановить самообладание и не загорланить во всю глотку, разрешившись рыданиями.

На лестнице он стал передо мной и сказал:

— Не переживай. Меня её выбрыки не касаются. Пусть делает, что хочет.

Я промолчала. Мы вышли и направились к электричке. Уже войдя в неё:

— Когда? — я сглотнула, очень сухо было в горле. — Когда она тебе это сказала?

Хватание за последнюю соломинку. Если это было сказано давно, то оставался вполне реальный шанс, что её слова были лишь пустой, ничего кроме слабости, не означающей угрозой.

— Вчера по телефону. Честно говоря, я поразился. Её абсолютному незнанию меня. Почти двадцать лет с ней живём, а она так меня и не поняла.

И последняя надежда рухнула. И чуть не завалила меня под собой. Повезло, что мы уже сидели и, думаю, только поэтому я не упала.

Поезд тронулся. Замелькали затопленные снегом равнины, где белыми, странной формы снеговиками казались кусты, и сказочными невестами, замершими во сне, деревья. А я всеми силами старалась не разреветься.

— Что с тобой? Ты... ты как высохла. Переживаешь об этом?

Я всё ещё барахталась, я всё ещё хотела жить, а не существовать!

— Всё-таки, что с тобой будет, если она позвонит?

Он улыбнулся, и я поняла, что правду он не скажет. Впрочем, он сказал правду, но не всю. И это от меня не укрылось. Но его ответ и несказанно удивил, оживив душу.

— Просто из подполковника никогда не переберусь в полковники.

— Подполковника?! Ты стал подполковником?

— Да, и уже почти месяц, как на моих погонах пришиты две звезды. Ты совершенно не наблюдательна.

— Ой, поздравляю тебя! А я и не заметила. Но мне тогда было не до этого. И вообще, в званиях и звёздах я не разбираюсь. И было очень темно.

— Это от чачи было темно у тебя в глазах.

Он засмеялся. А когда он так смеялся, мне вновь верилось в жизнь.

— Поздравляю тебя. Очень! Давай отметим? Ну, не только мой день рождения, а и твоё новое звание и... и чтобы обязательно пришло и следующее, до генерала!

Он обнял меня за плечи и поцеловал в щёчку.

— Договорились.

Напротив нас сидела молодая, приятная на вид женщина и, втихаря, на нас поглядывала. Скорее, на него, чем на меня. И несмотря на моё состояние почти полной прострации, я заметила её позыркивания и очень старалась не встречаться с ней взглядами. Одета она была в шикарную светлую дублёнку, на носу приютила очки, а в руках держала книгу. Но ни одну страницу ни разу не перевернула. В конце концов она не выдержала и, глядя на него, спросила:

— Извините, не подскажете, сколько сейчас времени, а то у меня часы остановились.

Я не сомневалась, что это был только банальнейший повод к завязыванию разговора. Но он с готовностью ответил:

— Ровно двенадцать.

— Спасибо. Какая неприятная погода, не правда ли? Вроде уж апрель почти, а всё, как в январе.

— Да, но если вас это удивляет, то вы — не ленинградка.

— Да, я из Симферополя, к родне, вот, в отпуск приехала. Ещё две недели здесь пробуду. Хотела Ленинград посмотреть. Но знаете, одной гулять по незнакомому городу... И не знаешь куда пойти, и скучно! А родственники всё время на работе.

И она многозначительно на него посмотрела. А мне стало почему-то смешно.

— Я вам искренне сочувствую. Составил бы вам компанию, но уже не могу, недавно, вот, женился.

И он указал на меня. А мне хватило самообладания удержать в расслабленности мышцы своего лица.

— Так что не обессудьте.

— Жена?! Вот не подумала бы! Знаете, я вот тут сидела и гадала, кем вы можете приходиться друг другу. И так и не поняла.

— Почему?

— Я сразу откинула две гипотезы: не отец с дочерью, так как вы слишком молоды, и не пара влюблённых, так как у вас на пальце обручальное кольцо. Но и не верилось, что вы любовники. Как-то уж слишком вы оба спокойны. А для жены и мужа кажетесь слишком близки.

— А разве любовники должны только целоваться, а муж и жена должны обязательно быть чужими?

— Сегодня — воскресенье. И вы, как любовник, вырвавшийся чудом от жены и повёзший за город свою юную любовницу, не смогли бы скрыть свое нетерпение. Отсюда моё удивление вашим обоюдным спокойствием. А мужья и жёны, посмотрите вокруг, ни о чём между собой не говорят, в щёчку друг друга не целуют и только тупо смотрят в окно, или читают книги с газетами. Простой, статистически доказанный, результат брака.

— У вас отличная логика.

— Может быть, но я не предусмотрела один-единственный вариант. Вы могли быть мужем и женой, поженившимися совсем недавно. Впрочем, это очень и очень редкий вариант. И если это так, то вы поженились не более двух-трёх недель назад.

Мне уже нравилась эта женщина, нравилась её безошибочная логика и особенно нравилось, что мы не подошли ни под какой существующий стандарт. Но его ответ мне понравился ещё больше:

— Мне 37 лет, она — студентка второго курса, у меня двое детей и жена, которая знает, с кем я пропадаю из дома. Но, к сожалению, не хочет развода. Но я вам не соврал. Рано или поздно но мы станем мужем и женой. Даже если это случится в другом мире.

Её лицо вытянулось от изумления, и она больше ничего не смогла выговорить. Мы встали и, взявшись за руки, пошли к выходу.

— Ты её убил!

— Нет, я доказал, что не всех и не всё можно вставить в статистичекую сводку. Может быть, теперь и она не захочет быть статистической единицей.

Мы вышли на перрон, и я больше не выдержала:

— Поцелуй меня.

Он наклонился, и я надышалась его губами. Стало легче и цепкая хватка ужаса перед неизбежным чуть ослабила свою клешню.

Быстрым шагом, почти бегом, мы направились к даче. Ветер рвал мысли на лету, поэтому моё сердце получило короткий отдых, а тело — хорошую встряску. И это было здорово. Когда же мы добежали до дома, и он, и я даже взмокли и слегка запыхались.

— Проходите, проходите!

Дверь открыла женщина, и мы прошли в прихожую. Пока раздевались, я украдкой её рассмотрела. Она мне понравилась. Очень стройная, со светлыми не длинными волосами и аккуратной родинкой на самой середине кончика прямого носика. Она придавала ей кокетливый вид, что вовсе не соответствовало её глазам. Это невольно приковывало к ней внимание. Ты присматривался и пытался понять, чему верить — зазывающему пятнышку, или серьёзным, но простодушным глазам.

— Проходите к камину, отогреетесь.

— Машка, познакомся.

Она подошла, и мы пожали друг другу руки. И я видела, как внимательно, совсем не скрывая своего интереса, она меня разглядывала. В прихожую зашёл мужчина. Маленький, толстенький и лысенький. Но весь, как сама доброта.

— Ну, наконец-то. Надоело мне одному шашлыками заниматься. Надевай валенки, тулуп и пошли к жаровне.

Мужчины обнялись, и я познакомилась с Толиком. Но он меня не рассматривал. Думаю, постеснялся.

Через минуту мы с Машей остались одни, и я сразу почувствовала, как сильно подуло тоской. Нет, Маша здесь была ни при чём. Просто он ушёл, вышел с другом в сад, и его больше не было со мной рядом. И поразилась, как глубоко я успела в него врасти. И ещё сильнее испугалась завтрашнему дню.

Мы прошли в зал, и Маша предложила:

— Можешь посидеть, погреться и посмотреть телевизор, а я на кухне поорудую.

— Давайте я вам помогу?

Она согласилась и на кухне мы продолжили её работу — готовили холодные закуски и салаты.

— Как учёба, нравится?

— Нет. Но надо.

— А почему же ты пошла учиться, где тебе не нравится?

— Мне нравилась ядерная физика, но там опасно, можно облучиться и никогда не иметь детей. И мама запретила.

— Верно, я бы тоже горой встала. Но учиться надо, это точно. У тебя есть братья или сёстры?

— Нет, я — единственная.

— Как Валерка. Он тоже единственный. Отец его погиб на фронте. Так мать разве что не молилась на него. И взаимно. Валерка на неё, как на богиню смотрел. Всё, что хочешь, для неё бы сделал. Знаешь, никогда он не плакал, а на похоронах, ну, как прорвало его. Он потому и на Томке женился, что мать его об этом попросила. Болела она уже, говорила, что хотела спокойно на тот свет уйти, ну, чтоб сын уже пристроенным был. Он и женился. Да и беременная Томка была уже. Светланка-то через четыре месяца после свадьбы родилась.

Всё, что она говорила, было для меня абсолютной новостью, настоящим откровением!

— Дожила его мать до рождения Светы?

— А как же! На руках её подержала, попестовала, поласкала. А потом уж и померла, через три месяца после её рождения. Обожала свою внучку, говорила, что вылитый сын.

И я поняла, почему он так любил свою дочь — она была на руках его матери. И почему его сыну этой любви не досталось ни капли. А следующий вопрос вылетел раньше, чем я смогла его поймать:

— А что бы сказала его мать о нашей связи с Валерой, если бы она ещё была жива? Как бы она прореагировала?

Маша перестала резать колбасу и удивлённо-растерянно застыла. Да, она меня не знала и не знала, что я не могу ходить вокруг да около, соблюдая никому не нужные условности. Она продолжала молчать, и тогда я уже умышленно её добила:

— Маша, ну зачем делать вид, что никто ничего не знает, и что мы с Валерой — просто знакомые? И ещё, я так и не знаю, почему он так настаивал на нашем с вами знакомстве. Но уверена, что вы об этом знаете. Пожалуйста, расскажите.

Она даже села. Долго молчала. Наконец:

— Кажется, я начинаю понимать, почему он так, до безумия, тебя полюбил. Таких как ты, наверняка, больше нет. Ладно. Я всё расскажу, но держись, потому что то, что ты сейчас услышишь... Впрочем, я бы всё равно это тебе рассказала, потому что кроме как на тебя, нам не на кого больше надеяться. И потому, что тоже почувствовала твою силу. Выдержишь. И может быть, сумеешь его остановить.

Что-то смяло лёгкие, а ноги отказались держать тело. И я тоже села. Тогда Маша твёрдо, с силой, закончила:

— Он замыслил уехать. Туда, куда не берут с собой семьи, и откуда не всегда возвращаются.

Я перестала дышать, а она таким же ровным, механическим голосом закончила:

— Он уверен, что только таким образом сможет вернуть тебе возможность устроить свою жизнь. Выйти замуж, нарожать детей и так далее. Вот почему он нас познакомил, чтобы мы могли тебе помочь, если это будет нужно.

Нет, я не поверила ей. В такое нельзя поверить сразу. Мозг превратился в вычислительную машину, и стал бесстрастно прокручивать в памяти последние события — все вопросительные знаки, которые он не захотел заменить точками, все ощущения тревоги, которые никак не хотели улетучиваться, все его взгляды, которым не находились объяснения, и та инородная, ненасытная близость, во время которой он скорее не любил меня, а пытался унести с собой.

Логика чётко соединила в мозаику разрозненные кусочки событий и чувств. И когда мозг, холодно отрапортовав о полученном результате, отключился, перед глазами поплыло, в ушах забряцало и...

— Тайви! Тайви! О, господи! Что с тобой? Тая! Толик! О, господи!

Толик

Накануне вечером.

— Нет, я так больше не могу!

Маша приподнялась на кровати, включила бра и грозно-раздражённым голосом добавила:

— Так! Выкладывай! Почему ты уже третью ночь не даёшь мне спать? Крутишься, как юла, вздыхаешь, как вулкан, и весь изворочался, как голодный медведь в берлоге!

Толик протёр глаза, посмотрел на жену и сказал:

— Ведьма ты у меня. Всё чуешь, ничего от тебя не скроешь.

— Скрыватель нашёлся! Спать надо по ночам, тогда и скрывать легче будет! И ты мне зубы не заговаривай. Говори!

— Слушай, давай пойдём на кухню, выпьем по пятьдесят, и всё расскажу, а?

Маша секунду поколебалась. Потом кивнула и вылезла из-под одеяла. Через минуту они, как полуночники, сидели на кухне и тихо разговаривали:

— В общем, это Валерки касается. Три дня назад, — помнишь? — я позвонил ему, и мы сходили на пиво. Там он и выдал, что думает уехать за границу, причём туда, куда не пускают с семьями и откуда... в общем, откуда не всегда возвращаются.

— Что?!

— Да. И сказал, что уже решился, что это единственный выход из ловушки. Что нет у него другого пути. И всё — из-за той девчонки. Говорит, что если он останется здесь, то она никогда не сможет от него оторваться, а значит, и никогда не будет счастливой. Ну, там, выйти замуж, нарожать детей...

Маша растеряла все слова и только её глаза, ставшие вдруг огромными и почти безумными, доложили мужу о её состоянии.

— Да-да. Я точно так же среагировал.

— О, господи!, -- запричитала она, -- Знала я, всегда знала, что эта история никого до добра не доведёт! Спятил, окончательно спятил! Он просто свихнулся!

— Нет. Любит он её. И знаешь, я тоже чувствую себя виноватым. Помнишь, мы ходили с ним в ресторан? Так я такое ему наговорил! Практически, подонком его назвал.

— Как?! Подонком?! За что?!

— Он... я не говорил тебе... Ну, не хотел тебя волновать. А теперь... В общем, был он с ней, с той девочкой. Вот.

Бедная Маша! Сначала она онемела и перестала дышать. Потом у неё задрожали руки. А потом... она горько, по-детски расплакалась.

— Машк, да не переживай ты так. Что теперь... теперь уже...

— Я не об этом... Значит, он... он так её любит. Господи, как он её любит!.. Ну что в ней такого особенного? Что?! Сколько баб у него было, сколько баб! И надо же! Сопливая девчонка...

Она плакала. Толик налил ещё по рюмке, и они молча выпили.

— Ты тоже его любила.

Слёзы не мешали ей говорить. Они тихо текли по щекам и капали на стол...

— Глагол любить не существует в прошедшем времени.

— Что ты хочешь этим сказать?

— Что если полюбишь, то — навсегда. Иначе это была не любовь.

("Любовь, которая смогла умереть, не была любовью". Elvire Ariosto).

Толик широко раскрытыми глазами смотрел на жену, будто впервые её видел. Смотрел и молчал. Долго молчал. А потом произнёс тусклым, опростанным голосом:

— Значит, ты его любишь.

— Да. Но и тебя люблю. И это — правда.

Она смотрела мужу в глаза, не отводя взгляд, не прячась. И тогда он добавил:

— Ты любишь меня только потому, что есть он.

Маша удивилась. Отвела взгляд. Задумалась. А слёзы каплями отсчитывали болезненно опухшее время...

— Да. Ты прав.

— Значит, бывает и такое...

— Я не понимала этого. Ты сам мне сейчас всё объяснил. Я есть, но только потому, что есть он. Вот почему могу любить тебя, жить и радоваться... Но лишь потому, что он меня не любит. И никогда со мной не был.

Толик молчал. Взгляд его опустел, опреснился... А Машины слёзы продолжали изматывать тишину...

Он очнулся. Налил ещё по рюмке. Выпили...

— Я всегда, всегда чувствовал, что ты никогда мне полностью не принадлежала. И знаешь, может поэтому я так тебя и люблю. И ещё. Если бы ты даже изменила с ним... Я бы всё равно тебя простил. Сам себе удивляюсь, но это — так. Ему бы не простил. Нет. А тебе — да. Ладно. Не будем больше об этом. Хорошо?

Он встал, обнял жену и на несколько секунд в кухне воцарилась тишина. Потом вернулся на своё место, и она спросила:

— Что ты ему сказал? Напомнил ему о детях, о долге отца?

— Конечно! За кого ты меня принимаешь? Да только... знаешь, тут другие слова нужны. Особые, которые достучались бы до него. А я их не нашёл. И до сих пор не могу найти. Вот и не сплю.

— Когда? Когда он собирается уехать?

— Да не знаю я! Откуда мне знать, как у них там всё происходит! Может, как разнарядка какая-то: столько-то туда, столько-то сюда и, кто добровольцы, — шаг вперёд. А может, заявление пишут... как там? — "если считаете меня достойным, то окажите доверие", и так далее. Или... — но тут он себя оборвал, — в общем, не знаю! А он, сама понимаешь, никогда не скажет.

Они помолчали.

— Давай ещё по-пятьдесят, а то что-то нехорошо мне, — попросила Маша, и они ещё раз выпили.

— Вот я и не сплю. Очень не хочется оказаться, — не дай-то бог! — с такой тяжестью в душе. Жить и знать, что именно я виноват в... в общем, понятно. А тут, вот, и ты... Эх, как закрутило!

— Что же теперь делать?

— Знаешь, я не стал с ним ни спорить, ни ругаться, ни стучать кулаками — бесполезно было бы. Просто попросил познакомить нас. Ну, с той девушкой его. Знаешь, подумал, что она наверняка ничего не знает, и если мы ей всё расскажем... Трое нас тогда будет! Понимаешь? Трое против одного. Больше шансов выиграть, нет? А он только этого и хотел! Ну, познакомить нас. Вот завтра ей всё и расскажем.

— Толя, родной ты мой! Ничего лучшего просто невозможно было придумать!

И она чмокнула его в щёчку. Толик зарделся от удовольствия, как мальчишка.

— И всё-таки я очень, очень боюсь.

— Никуда мы его не отпустим. Вот увидишь!

Они ещё выпили по рюмке и пошли спать. В кровати она созналась:

— Да, это ужасно. Ужасно, когда от тебя зависит судьба человека. И не одного, а многих, очень многих.

— Спи, может ещё и обойдётся. От той девчонки теперь всё зависит.

Я очнулась от этого голоса, взволнованного и громкого. Тут же всё вспомнила и поняла, что просто потеряла сознание. И испугалась, что он об этом узнает.

— Всё хорошо, всё хорошо. Дайте мне, пожалуйста, немного водки. И прошу вас, ничего ему не говорите, ладно?

— Ой, конечно, конечно, не волнуйся, ты посиди, я сейчас, мигом...

Наконец она протянула мне полную рюмку водки и я проглотила её, как мотор глотает бензин.

— О, господи! Что же теперь будет-то?

Её причитания стали раздражать. Сейчас мне хотелось только одного — побыть одной. Надо было осмыслить случившееся и подготовиться к встрече с ним. Он ни в коем случае не должен был догадаться, что я всё знаю.

— Ничего не будет. Никуда я его не отпущу. Ещё не знаю как, но знаю, что не отпущу. Можно, я пойду в зал, посижу, посмотрю телевизор?

— Ой, конечно, иди! Не проводить? Может, приляжешь? Дать одеяло?

Она увязалась за мной. Стоило немалого труда успокоить её и вернуть на кухню.

Наконец я осталась одна. И только тогда смогла полностью уйти в анализ. Да, ко мне вновь вернулась способность мыслить. Первый удар, настолько сильный, насколько неожиданный, сумел бросить на ковёр. Но я поднялась, загнала в угол все чувства и села поговорить со своим мозгом, как перед шахматной доской.

— Если я уйду на бреющий полёт, он уедет?

— Да, так как этот полёт подразумевает и спуск.

— А если я вцеплюсь в него и... и завтра же переселюсь в ту квартиру?

— Его выгонят из партии и с работы. Потому что, рано или поздно, или жена позвонит куда следует, или кто-то, кто-не-надо, узнает о тебе. И...

— А если уеду я?

— Пожалуйста! Но только никогда к нему не возвращайся. Иначе всё повторится сначала. Не оторвёшься.

— А если я выйду замуж, нарожаю детей, и буду с ним встречаться?

— Идея хорошая. Попробуй, но вряд ли он на это согласится. Помнишь, за что он тебя полюбил?

— Помню. За то, что пожелтевший белый свет со мной белей белил.

— Да. А то, что ты сейчас предложила, вовсе не белого цвета.

— Что же мне остаётся?

— Уйти, совсем уйти.

— Как? Я просто умру. И умру, если он уедет... Стой! Я знаю, что делать! Я скажу ему об этом, скажу! И тогда он не оставит меня, не сможет меня оставить!

— Но ведь ты уже говорила ему об этом? Разве не так?

— Ах, да...говорила и... Да! Он пообещал быть всегда со мной! Пообещал!

— А ты уверена, что это не была та самая, святая ложь?... Вот видишь! Ты должна уйти. Слишком много навалилось на него. Не справится. Пожалей его — уйди! Нет другого выхода!

Анализ был закончен. Ни одной бреши, вопроса или изъяна. Как в могиле. В моих руках, нет, в моём сердце, лежало его будущее, а может быть, и сама жизнь.

Я откинулась на подушку, и всей душой, истрёпанной, изъеденной болью и ужасом свалившегося на неё, впервые обратилась к небу, моля у него помощи. Но оно промолчало. А больше мне не у кого было её попросить...

Хлопнула дверь, и два мужских весёлых голоса оповестили, что шашлык готов. Я вскочила и, позабыв обо всем на свете, повисла у него на шее, прижавшись к нему всем телом. Толик быстро слинял на кухню, и тогда он сильно, со всей накопившейся за этот час тоской поцеловал меня. И сразу потеплело и помягчело на душе.

— Я ужасно соскучилась.

— Я тоже. И уже очень хочется удрать отсюда.

— Мне тоже. Но нельзя, да?

— Нет. Не простят. Впрочем, на их месте я бы тоже не простил. Так что пошли на кухню. Хочешь есть?

Секунду я размышляла:

— Когда я с тобой, то всё хочу.

— Тогда пошли, -- сказал он и, взяв меня за руку, повёл к хозяевам.

За столом разговор был обще-нейтральным. Меня никто не теребил, поэтому моё присутствие в их беседе ограничивалось только тем, чтобы не пропустить, например, общего смеха или случайного вопроса, обращённого ко мне. Как следствие, я почти ничего не помню из той обеденной беседы, и даже вкус шашлыка изгладился из памяти. Запомнился только один вопрос Толика, который и положил конец застолью:

— А сколько лет тебе надо учиться, и куда у вас бывают распределения?

Почему-то я решила, что он спросил вовсе не то, что спросил: "А сколько ещё лет ты будешь мучить Валерия, и как далеко зашлют тебя после окончания института?"

Я ответила очень зло, так, что на несколько секунд за столом водворилось смущённое молчание, а он толчком, как проснувшись, посмотрел на меня:

— Моё присутствие в Ленинграде вам придётся потерпеть ещё минимум 4 года, и даже если меня зашлют на Камчатку — самолёты и оттуда летают.

До сих пор стыдно за свою выходку. Эти люди были его хорошими товарищами. Но я не сдержалась, и часть моего состояния выплеснула и на них. А почувствовав, что сделала неприятность совершенно невинным людям, разозлилась ещё больше:

— Спасибо за гостеприимство, — и, повернувшись к нему, добавила, — пойдём? Я очень тебя прошу, пожалуйста, пойдём!

Сначала он удивился. Потом в его глазах мелькнуло раздражение, потом — испуг. И он встал:

— Толик, Маша, прошу прощения, но видимо, будет лучше, если мы откланяемся. Спасибо за обед. Шашлыки были просто отличные!

Хозяева переглянулись, и по их взглядам, которыми они обменялись, я поняла, что Толик уже был в курсе о произошедшем со мной на кухне.

Они тоже встали и принялись уверять, что всё понимают, что всё в порядке, что просить прощения ему не за что, и что они были очень рады знакомству.

Наконец мы вышли из дома и оказались одни на уже потемневшей улице. Ветер улетел, оставив за собой тишину, которая бывает только за городом и только зимой. Она, эта тишь, скромно и тактично ластилась к моей душе, и тонким велюром покоя драпировывала её стенки.

Он молчал, и я была благодарна ему за это. Под полусонное покрякивание снега хотелось всей памятью пропитаться этими безмолвными, напоёнными внеземным покоем минутами его "рядом", потому что уже знала, что они у нас будут бесповоротно последними.

Так, не проронив ни слова, мы дошли до станции. Только там, повернув меня к себе, он спросил:

— Теперь тебе легче? Можешь рассказать, что случилось?

Я не хотела отвечать. Смотрела в его фиолетовую бездонь и опять старалась насквозь пропитать ею память.

— Ты слышишь меня?

Нет, я не могла говорить. Слова здесь были ни при чём. Я просто бессловесно прощалась с ним, забирая с собой всё, что только могла унести память. А она у меня была хорошая, тренированная, выдержанная и закалённая в боях. В ней не приходилось сомневаться. А ею тоже можно было жить. Ну, если уж не в настоящем, то хоть в прошлом. Не всё ли равно? Но вот... зачем? Этого я не знала. Ответ на этот вопрос ещё не был найден. Не успела его найти. А... а если и не найду?

— Хорошо, не отвечай. Но когда приедем домой (о, господи, домой!), расскажешь. Договорились?

Но сердце по-прежнему владело телом. И ответа всё равно не последовало.

Подошла электричка, и мы зашли в полупустой вагон. Он сел рядом, но я тут же пересела напротив, чтобы продолжать напихивать память. Тогда он не выдержал:

— Так. Или ты сейчас же скажешь, что происходит или, приехав в Ленинград, мы тут же разойдёмся.

Испуг пошевелил губы, но потом вмешался мозг и жёстко приказал:

— Молчи! Перед смертью не надышешься. Так даже лучше. Зачем продлевать агонию?!

И я промолчала. Только не отрывалась от его глаз — память ещё не заполнилась до отказа.

Ни одна мышца тела мне более не подчинялась. Работали только органы зрения и память. Всё. Мало-помалу появилось приятное ощущение наблюдателя со стороны, или полёта, но какого-то неестественного, без мыслей, без притяжения, без чувств. Шёл процесс отторжения, и я уже начинала смотреть на него как жилец из другого, вечного мира, — того, где нет ни боли, ни радости, ни потерь, ни разлук, ни счастья, ни земной жизни, — смотрел бы на тех, кто ею, этой земной жизнью, ещё мучается. И жалеет их Христовой жалостью.

Кажется, что если бы я тогда умерла, то не заметила бы этого...

И вот тогда уже в его озёрах зарябило. Сильно, как перед штормом. Но повторяю, меня это уже не касалось. Это была только новая работа для моей памяти.

Он отвернулся. Тогда мои глаза стали запоминать его кисти, с длинными, тонкими пальцами. Складки пальто — чёрного и очень ему шедшего. Белый шарф, освежающий и подчёркивающий чернь его волос, своевольно растрёпанных и с первыми побледневшими членами их семьи. Словом, всё что ещё оставалось в их досягаемости.

А вокруг нас...

Царствовал, беснуясь,
Гром молчанья!
Значит — всё.
Значит, это — день прощанья...
О, как дребезжит окно
от беззвучного стенанья!

Гром молчанья!
О, родной,
Это — гром вселенских хлябей!
Пощади же тишиной,
пусть хоть слов твоих проклятий!

Смилостивься! Изыми
боль молчания без света,
И неистовством любви
истязай грозу без лета!

Гром молчанья!
Разум — вспять!
Камни все возопияли!
Ты уходишь... Дай хоть пядь
Тишины грозы, что в мае!

Поезд остановился. Он встал, взял меня за руку и мы вышли на перрон. Дошли до метро, выстояли эскалатор, и всё — в полном бессловии.

Сошли с лестницы. Теперь нам надо было или разделиться, или поехать вместе. Но "или" больше не существовало. Он никогда не менял своих решений, а я уже ушла.

Спросишь, куда? Не знаю, об этом мыслей не было. Но... но в тумбочке у Ирки лежало десять пачек димедрола. Впрочем, мне и об этом вспомнилось не чётко, как-то вскользь, мимоходом, расплывчато-отдалённо.

Оставив за спиной сход с лестницы, я остановилась. Он тоже. Мы посмотрели друг другу в глаза, и я впитала всю их иссиня-синь. Глубоко, очень глубоко вдохнула... и резко пошла к поезду — в сторону, противоположную поезду к нам домой...

Он и Толик

— Ну и ну! Сколько же ты наварганил? Да тут шашлыков на целую свадьбу!

— Ничего, если не осилим, домой отвезу, сын съест.

— Подогретые шашлыки — как подогретая любовь.

— Когда есть захочешь, так и подогретая сойдёт, — ответил Толик и они рассмеялись.

— Слушай, Валер, а эта девушка мне понравилась. Чёрненькая такая, худенькая, а глазища! Прям, как омуты. Вы даже похожи с ней.

— Они и со Светланкой похожи.

— Точно, даже по возрасту. На вид ей больше семнадцати и не дашь.

— Давай-ка подложим ещё дров, а то что-то углей маловато получается.

Здесь, за домом, было намного тише и ветер почти не чувствовался. Огонь горел спокойно и щедро, и они с Толиком, не торопясь, аккуратно нанизывали на шампуры куски вымоченной в маринаде баранины, чередуя их с кругляшками лука.

— Слушай, тут вот какое дело. Вчера Томка звонила, с Машей разговаривала. Так, это... в общем, просила, чтобы я передал тебе, что она свою угрозу выполнит.

— Значит, ты в курсе?

— В курсе. Слушай, это ведь не шутка. Я мало разбираюсь, что там у вас и как. Но хорошо знаю, что это совсем не шутка. И что же ты думаешь делать?

— Брось, Толька. Уж как-нибудь сам разберусь. И с женой, и с работой.

— Тут только одним способом можно разобраться! Оставить тебе надо эту девушку! Понимаешь? И ей дашь жить, и себе жизнь не искалечишь!

— И как же ты себе это представляешь, а? Ну-ка, просвети!

— Ну, не знаю... но так тоже нельзя! Плохо всё кончится! И вообще, ты не подумал, что вас просто могут увидеть вместе? Что тогда будет, ты подумал?!

—Так что же ты, конкретно-то, предлагаешь, а? Мол, с изменившимися обстоятельствами мне бы лучше в берлогу залезть?! Шкуру спасать?! А ты, мол, теперь, как хочешь?!

Толик остолбенело посмотрел на друга, и его шампур замер у него в руках.

— Ну?! Что же ты молчишь-то!

Но Толику нечего было ответить. И он отвёл глаза.

— То-то. А всё с критикой лезешь. Ладно. Надеюсь, ты и сам теперь понимаешь, что другого выхода у меня нет.

Анатолий вздрогнул. Он долго, потерянно молчал, прежде, чем ответить:

— Слушай, а как же тогда та девушка? Ты о ней подумал?

— А это я повешу на тебя. На твою ответственность.

— Ох, Валерка... — Толя тяжело вздохнул.

— Она — сильная. Только первый порыв будет опасен. Ну, а время лечит всё.

— А если не выдержит? А я... ну, не услежу?

— Тогда я тебе этого никогда не прощу. И с того света достану, понял?

— Понял. — Толик сник, как парус без ветра. — Можно узнать куда ты собрался?

— Об этом я говорить не имею права. Вообще. Так что...

— Значит, это уже точно? А когда?

— От меня не зависит. Как только, так сразу. Но для неё меня послали в командировку. На многие годы, минимум лет, так, на десять. Ясно?

— Ясно. А если она ждать будет?

— Нереально. Ей только будет девятнадцать. Вся жизнь впереди. Забудет.

— А если, всё-таки, не забудет?

Валерий посмотрел на друга. Он явно такого варианта даже не допускал.

— Если не забудет... Не знаю. Да и буду ли я через десять лет?

— Слушай, Валер, да за эти десять лет знаешь, столько воды утечёт! Кто может знать, что будет через десять лет?! Может, законы поменяются, посвободнее станет, в архив её дело сдадут? Почему бы тебе просто не пересидеть эти десять лет в каком-нибудь тихом местечке? Если дождётся, сможешь соединиться с ней, а если нет, то хоть все живы останутся! Зачем хоронить себя раньше времени?

— Сказки всё это, Толик. Законы у нас не только не ослабляют своей хватки, а с каждым годом, всё более и более её усиливают. Вот она какая, реальность. Так что...

И снова молчание. Эта тема казалась исчерпанной, а на другую переходить не хотелось. Они следили за шашлыками, вовремя их переворачивали, сбрызгивали маринадом, но видно было, что все их движения были чисто механическими — мыслями каждый из них был далеко.

Первым оправился Толик. Его голос зазвенел металлом:

— Валерка, послушай меня. Я ночи не спал, всё об этом думал. Искал, где ты ошибаешься. Потому что знаю, что ты ошибаешься. А вот сейчас понял где.

Валера оторвался от шашлыков и с любопытством, смешанным с недоверием, посмотрел на друга.

— Да, понял. И сейчас это тебе докажу. Видимо, мне надо было самому увидеть эту девочку, чтобы всё понять. Так вот. Если ты сейчас уедешь, то сразу оставь деньги для венка. Ей на могилу. Да, не забудь предупредить, что именно мы должны написать на траурной ленте. А теперь, можешь убивать её. Езжай.

Наверное, даже не то, что он сказал, а как, резануло Валерия. Потому что так говорят лишь когда хладнокровно констатируют факт. Без эмоций, без сомнений. Свершившийся факт.

Это и пробило Валерия. Его шампур с шипением упал в снег.

— Почему? Почему ты так думаешь?

Если бы Толик принялся объяснять, доказывать и разжёвывать сказаное, растворившись в куче ненужных, банальных фраз, то всё им произнесённое потеряло бы силу. Он не был психологом, но у него было живое, чистое и любящее сердце — лучший психолог в мире. Оно-то и не дало ему раскрыть рта.

И это окончательно пошатнуло Валерия. Его голос завибрировал неуверенностью, густо приперчённой страхом.

— Почему ты молчишь? Ты...

Глубокий вдох закончил фразу. Вновь воцарилась тишина, но на этот раз она была уже другой — ожившей, ищущей, бьющей по сердцам.

— Хорошо. Тогда что мне делать?

Толик тихонько перевёл дыхание. Ему ещё не верилось, что он сумел-таки найти те самые, единственные, исполинской силы слова, которые смогли, если уж и не уничтожить, то хотя бы отодвинуть подступающую беду.

— У вас был бреющий полёт. Пусть так и будет. Пока. А там... Бог милостив, может и поможет. Но выживем. Все выживем. Верю.

— Дай мне пять.

Они с силой пожали друг другу руки, и полностью переключились на ожидавшие их внимания шашлыки.

— С Витькой-то как, всё хорошо?

— Да, надеюсь. Девушка у него появилась. В университете учится. Уже и нас с ней познакомил. Блондиночка, аккуратненькая такая, на третьем курсе, круглая отличница. Теперь уверены, что он тоже пойдёт учиться. Если и заколебается, так она заставит. Так и сказала.

— Как, по-твоему, девушка эта любит его?

— Что Витёк её любит — точно, а вот что она... Не знаю. Серьёзная такая, целеустремлённая. Так сразу и не разберёшь. Но думаю, что да, а то что бы она с ним встречалась? Да про его учёбу беспокоилась?

— Тогда рад. Очень рад. Кажись, теперь все вздохнём спокойнее.

Дорога к платформе щедро пропиталась моей силой — я истекала ею. И когда я до неё добралась, а скорее, доковыляла, поняла, что больше не сделаю ни одного шага. Меня рвало назад, меня так рвало, тянуло, пихало и толкало назад, что всё, что ещё во мне подчинялось остаткам сознания, было задействовано только на то, чтобы хотя бы устоять на месте. И дождаться его поезда.

Но первым подошёл мой. И я не смогла даже пошевелиться.

И вдруг руки, сильные, убеждённо-властные и такие надёжные, уверенно ворвались в это полное опустошение. Они развернули моё тело, и я увидела его глаза. А вернее, два синих луча любви, обессоленной непониманием и болью.

И я тут же повисла у него на руках. Он обнял меня и потащил к подошедшему нашему поезду. В вагоне сумел посадить. И это было здорово, потому что моё тело было, как обезноженное.

Постепенно, с оглядкой, стали расслабляться мозг и сердце, и совесть. Потому, что я сделала даже то, что не могла сделать. Теперь они блаженно успокаивались, прильнув к его плечам. И знали, что они не дрогнут.

С каждой минутой возвращались силы, и когда мы доехали, я уже не только самостоятельно двигалась, но даже соображала.

Он ни о чём не спрашивал. Обнимал мои плечи и вёл к выходу из метро.

На улице я окончательно пришла в себя. И поняла, что у меня нет таких сил, чтобы повторить то, что только что попыталась сделать. Говорят, у парашютистов самый трудный прыжок — второй. Потому что они уже знают, что их ждёт. И я тоже это уже знала. И по второму кругу пойти на это? Оторваться от него? Быть без него? Совсем без него! Совсем!!!

Самоуничтожить себя. Но тогда что случилось бы с ним?!

Утихомиренный вечер, безлюдная улица. Холодный, но тёплый от избытка в нём покоя, воздух, разжал даже моё горло, и я тихо произнесла:

— Я попыталась уйти от тебя. Насовсем.

— Я это понял. Но и знал, что ещё одного такого парня, как тогда, после нашей прогулки за город, в прошлом году — помнишь? — больше не будет. А второй раз на одни и те же грабли я не наступаю.

В последних словах послышалась улыбка.

— Ты догадался, почему я хотела уйти?

— Только что вычислил. Угроза моей жены оказалась последней каплей, даже если она и была первой. Ты изменилась за тот час, пока была наедине с Машей. Значит, она поставила тебя в известность о моих намерениях уехать.

Опять сильно полоснуло по животу. Скрутило и не отпускало. Тогда я второй рукой ухватилась за его локоть и остановилась. Он посмотрел мне в глаза. Его озёра показались иссиня-чёрными. Как это ночное, опушенное покоем небо...

Он твёрдо, с нажимом, произнёс:

— Я никуда не уеду. Буду с тобой.

Так хотелось ему поверить! Боже, как хотелось ему поверить! Но...

— Дай слово, дай слово, что это — не святая ложь. И что никогда, никогда ты к ней не прибегнешь со мной.

Не укрылось от меня его замешательство! Не укрылось! Мимолётное, еле ощутимое, как вспышка лампочки на солнце, но оно, это замешательство было. И я потеряла над собой контроль. Обеими руками вжалась в его предплечья и воззвала:

— Слово! Я хочу твоего слова!! Дай мне слово!

И только тогда он сдался. Или... смирился? Или покорился? А может, просто примирился со Вселенной?

— Хорошо. Даю слово. Ты победила.

И я припала к нему, уткнувшись в его горячую шею. Даже не потому, что опять ослабели ноги, а просто ни секунды больше не могла прожить без его запаха. И мы оба замерли, не мешая возвращению вымоленной мною жизни. А когда смогли разъединиться, лишь одного уже хотели наши души — оказаться, наконец, наедине.

Но мы не торопились. Полуневесомо, будто вплавь, шли в этом заатмосферном покое, выношенном и рождённом земной зимой, открывая ему все двери и окна, все форточки и щели наших душ, чтобы он выполоскал, выпорожнил и высвободил их от всех ошмётков боли, так долго и властно в ней хозяйничавшей.

Только в лифте он смог глухо, грудью сказать:

— Я хочу тебя. Так хочу, что даже стараюсь обуздать мою страсть.

И я поняла его! Потому что то же самое происходило и со мной!

— Да-да! Потому что если сразу... ну... вот, то всё равно останемся голодными.

Искорка удивления и волна радости:

— Господи, ну откуда, каким образом, ты научилась меня так понимать?

У меня затуманилось в глазах и сильно застучало в висках, но я тоже всеми силами старалась обуять и взнуздать это извержение жажды его любви.

Лифт остановился. Мы зашли в квартиру, сняли верхнюю одежду и разулись. Всё сильнее колотило в ушах, мелкой рябью шли кисти и коротко-отрывистым стало дыхание. Но это не было мукой! О, нет! Было истинным наслаждением! Ни с чем не сравнимым наслаждением ожидания его тепла. Настолько сладостным, настолько неповторимо-дурманным, что даже захотелось оттянуть миг, когда он коснётся, наконец, меня губами и полетит в тартарары весь этот измолоченный и изломанный потерями мир. И я, чуть давясь словами, предложила:

— Давай попьём чаю?

Он улыбнулся.

— Я тоже об этом подумал.

Мы прошли на кухню. Я села, он поставил чайник и принялся накрывать на стол. Я не помогала ему. Просто не отрывала от него глаз, и всей грудью дышала его близостью. И ни для одной непрошенной мысли здесь не было места!

— Если ты не перестанешь на меня так смотреть, то я не выдержу и возьму тебя прямо здесь, среди чайных чашек.

Он улыбнулся, но его улыбку оседлало напряжение. Моя, ответная, думаю, была точно такой же.

— Нет, хочу ещё помучить тебя. За то, что ты так сильно промучил меня!

— Я хотел, как лучше.

— Не надо больше хотеть, как лучше. Хоть я и не читала Библию, но кое-что из неё знаю. Например, что благими намерениями дорога в ад выстлана.

Он удивлённо посмотрел на меня.

— Вижу, что ты хорошо подкована.

— Нет, но смогу защитить тебя от твоих же собственных благих намерений.

Было легко так болтать, перекидываясь словами, как мячиками, потому что все мысли, все чувства жили только ожиданием.

Чайник подал голос, он выключил газ, заварил чай и сказал:

— Нам будет нелегко.

— Ничего. Это всё равно легче, чем быть вовсе без этого "нам".

— Тебе придётся опять уйти на бреющий полёт.

— Лишь бы он был над тобой!

Наши голоса искрились радостью. То, о чём мы говорили, нас не касалось. Оно принадлежало тому миру, которому сейчас к нам дорога была заказана.

— Ты наверняка станешь кандидатом в мастера спорта по шахматам.

— Знаю. С таким учителем, как ты, я и мастером стану.

Он разлил чай, и мы с аппетитом стали жевать свежие, пахнущие пекарней бублики, запивая их чудесным эликсиром.

— А откуда у нас эта вкуснятина?

— Маша сунула, перед самым уходом. Так и сказала, к чаю. А ты их обидела.

— Я не хотела. Просто...

— Просто они были первыми, кто попался тебе под руку. Как правило, самым близким и достаётся.

— Интересно, а почему?

— Потому что только с ними мы расслабляемся. И тогда из нас начинает выползать всё, что сдавливает и гнетёт. Поэтому, когда человек в таком состоянии, надо думать не о том, что он говорит, а почему он это говорит. Это кто-то из великих сказал, но не помню кто.

— Здорово! Но так неинтересно. Неинтересно знать всё.

— Почему?

— Потому, что когда всё знаешь, становится скучно.

—Нет. Знание всегда остаётся на горизонте. Но чем ближе ты к нему приближаешься, тем ярче и чётче оно становится, и всё более светлым делается твой путь. Уменьшаются ошибки, а значит, и потери.

— И всё-таки, ты ведь чуть не допустил ужасной ошибки?

— Да, но у меня есть такой сторож, как ты — всегда начеку.

Я рассмеялась, но тут же почувствовала, что уже не выдерживаю. Он сидел напротив, его озёра постоянно окатывали меня волнами, перенасыщенными желанием, и больше не было сил им противиться. Глаза закрылись, и куда-то пропало дыхание. Послышался глубокий вдох. Затем, — звук отодвигаемого стула, и его руки отделили меня от земли. Голова прильнула к его плечу, и в такт его шагам забилось сердце. А когда они прекратились, осеклось на полувздохе и оно. А его шёпот окончательно лишил рассудка:

— Только не торопись. Не торопись. Сначала я общелую тебя всю-всю, затоплю лаской до беспамятства, до полного изнеможения, до криков и стонов, и только тогда отдам себя тебе.

— Я люблю тебя. Если бы ты только знал, как я тебя люблю!

— Знаю. Теперь знаю.

Он опустил меня на пол и прошептал последнее:

— Закрой глаза. И... отстегни свои торопыжки-руки.

И его губы весенним ветерком приласкали мои, а руки, будто враскачку, лишь слегка прикасаясь, стали снимать с меня одежду, тем самым, освобождая место его губам...

И произошло чудо. Казалось бы, ну что ещё я могла открыть в любви? Ведь мне уже хорошо было известно, что такое обладать любимым телом, что такое вскипать всей кровью от нещадно бьющей по каждой нервной клетке страсти, и даже отлично помнилось, что такое удар клинка ревности!

Но до этого вечера я и понятия не имела, что такое нежность. Не знала её сути, не знала её власти и не знала, что она-то и есть сердце любви! И всей душой я отдалась этой ворожее, с каждым мгновением, с каждым отброшенным в сторону куском материи чувствуя, как вместе с нею слетает с меня и все это склизкое, мутное, опостылевшее, въевшееся клещами, отутюженное отчаянием одиночество...

Она, нежность, не закончила свою ворожбу, покуда наши тела не превратились в неосязаемый, идеальный проводник, по которому в души полилась сама Вечность. И только когда её всесветлый, животворящий поток стал уже выплёскиваться из наших гортаней неудержимым, всемогущим, всеподчиняющим себе зовом, мы, наконец, слились телами в один луч, в один всплеск, в единый клич любви...

Пикирование ввысь и, невесомым планером, спуск. Спектральной чистоты радость, легонько, будто невзначай, оборвала и самые последние, почти паутинные, шупальца задверного мира...

Я не открывала глаз и не шевелилась. Умилостивленная нашей любовью реальность скромно потупила взгляд и осталась ждать в дальней дали. А его глубокое, ещё прерываемое насытившейся страстью дыхание, казалось сладкозвучным фоном наступившему отдохновению. И в этом обоюдном безмолвии, атом за атомом, решётка за решёткой, откристаллизовывалось наше будущее, то, которое мы только что видели, заглянув в вечность — так много счастья никому не даётся даром...

Но видеть — это ещё не значит и увидеть. И мы разморённо лежали, щедро наполняя души этим мякишем живого покоя.

Его просохший голос не нарушил очарования.

— Люблю тебя. За минуты с тобой и жизнь отдать не жалко.

— Нет, не отдавай. Ведь в ней — и моя жизнь.

Он приподнялся и заглянул мне в глаза:

— Я буду об этом помнить. Но и ты, ты тоже помни, что и в твоей — моя.

Я кивнула и тронула его губы.

— Знаешь, в эти дни как раз год, как мы познакомились. Если бы мне кто-то тогда сказал, чем всё это закончится...

— Тебе!, -- он улыбнулся, -- А мне?! Нет, я бы просто рассмеялся.

— А если бы ты знал? Ну, как в волшебном зеркале бы всё увидел? Что бы ты тогда сделал?

Секундная заминка...

— Сделал бы так, что ни одной слезинки не капнуло бы из твоих глаз.

— Это в каком смысле? Сразу же отказался бы от меня, или поверил мне? Ведь всё плохое было только потому, что мы не до конца верили друг другу. Разве не так? Так в каком смысле?

Он промолчал, вновь откинувшись на подушку. Тогда приподнялась я. Мне нужен был его ответ.

— Скажи.

— Ты настаиваешь? Хорошо. Я не пошёл бы даже на наше первое свидание.

И реальность распахнула дверь, выжидая на пороге...

— Почему?!

— Потому что знаю, что за наши островки счастья ты платишь целым морем боли. И боюсь, что когда-нибудь это море поглотит тебя. Очень боюсь.

— Но ведь ты только что сказал, что за эти вот островки и жизнь отдать не жалко!

— Мою жизнь! Но никак не твою! Как ты этого не понимаешь?

И реальность победительницей ворвалась в душу. Вновь забил набат тревоги, вновь жуткий страх, что он может не сдержать своего слова, начал застуживать сердце. И я, уже почти не помня себя от этого холода, закричала:

— А как ты не понимаешь, что я тоже, тоже! могу это сказать! Неужели ты так и не понял, что даже малой секундочки, проведённой с тобой, я никогда и никому не отдам?! Даже если она будет стоить мне год слёз! Каждый момент жизни я благодарю небо, что оно одарило меня этой милостью

— любить!!! И пусть ничего и никому не даётся даром! Пусть!!! Я готова на любую цену! Неужели ты этого так и не понял?!

Он рывком перевернул меня на спину и вжался в мои губы. Надолго, пока не оттаяла наморозь, и пока вновь, скрипя закрывающейся за ней дверью, не ушла от нас с пустой сумой реальность. И только когда мои руки вновь ожили, и по телу прошла так хорошо ему знакомая дрожь оживающего желания, он оторвал губы и сказал:

— Нет, не сразу. Сначала мы встанем и поужинаем. Тебе надо отдохнуть от меня, а то я совсем тебя замучу. И... прости меня. За то, что так долго до меня доходило главное.

— Что?

— Что любовь, именно любовь и есть жизнь. Простила? Тогда пошли на кухню.

— А что мы приготовим?

— Только не картошку!

А на кухне, готовя ужин из яичницы и сала, мы уже смогли спокойно болтать обо всём, перескакивая с одной темы на другую, как с кочки на кочку. Так я узнала, что к осени следующего года Валерий должен был получить ещё одну квартиру, трёхкомнатный кооператив; что деньги на неё он унаследовал от мамы и от деда с бабушкой по отцовской линии; что отец его — коммунист и НКВД-ешник, добровольцем ушёл на фронт и погиб, повторив подвиг Александра Матросова; что мать, так и не поверив в его смерть, всю жизнь прождала своего мужа и даже умирая, продиктовала для него письмо, когда (не если!) он вернётся, и Валерий хранил его, как святыню; что всю свою жизнь он искал принцессу именно потому, что хотел встретить такую же, как у матери, любовь (отсюда и бесконечная вереница женщин); что Борис Пастернак ему нравился за неиссякаемое гейзеровое извержение чувств, чем-то напоминавших ему любовь его матери к отцу; что работу свою он не выбирал, а просто пошёл по стопам кумира-отца; что тоже, как и я, всю жизнь занимался спортом и... что он долго и много думал о тебе и пришёл к следующему выводу, очень его обеспокоившему: сильная ранимость и незащищённость души, в совокупности с почти несуществующей волей. Но это его беспокойство было страхом за меня.

Он не дал никаких объяснений. Лишь ещё раз повторил, что не всегда мы можем отвечать за других. И что теперь я — не одна, и обязана об этом помнить.

И я повинно склоняю перед тобой голову, потому что даже не попыталась допытаться, что конкретно он имел в виду, говоря об этом.

Знаешь, теперь думаю, что я просто не хотела понимать. А точнее, боялась. Ибо знала, что ничего не смогу изменить. Ни он, ни я. Никто. Это был рефлекс страуса — спрятать голову в песок...

И ещё. Что такое смерть? Даже лёжа на смертном одре, прожив почти столетие, повидав и повстречав эту неминуемость на своём пути не один раз, человек всё равно не в состоянии в неё поверить. А мне ещё не было и девятнадцати, и я ни разу не встречалась с ней лицом к лицу. Всё моё естество отрекалось от неё, отвергая и вычёркивая из реальности. Смерть, пожалуй, — единственное, во что живое никогда и ни под каким видом не уверует. Как огонь и вода, вера и безверье, надежда и могила, они — несовместимы.

Но было и ещё одно. И наверное, оно-то и было самым веским, самым главным в моём отказе посмотреть правде в глаза: он сидел напротив, его дыхание почти касалось моих глаз, сиреневая синь поила мою душу и весь реальный мир, вся наша земная действительность, как бездомная, ободранная гиена, бродила, поджидая падаль снаружи, за наглухо задраенной дверью. Наша неразливная близость выплеснула меня из неё, и укрыв любовью, как скафандром, превратила в слепо-глухо-немо-бездумно счастливую дочь Вселенной.

Где-то шумел ветер жизни, у кого-то безжалостно рвал крылья, а кому-то переставал надувать паруса.

А мы сидели, как на облаке, далеко-далёко от земли и всем сердцем наслаждались нашим "рядом"...

Я с удовольствием жевала пахучую яичницу и продолжала свои расспросы:

— Скажи, а как ты живёшь без меня?

— Ожиданием тебя.

— А что бы ты сделал, если бы я исчезла? Ну... попала под машину, или там, на самолёте разбилась. А?

— Типун тебе на язык!

— Ну, скажи! Мне очень интересно! И потом, мало ли что может случиться! Я хочу знать заранее.

— Это не может случиться.

Но мой нетерпеливый жест заставил его ответить:

— Ладно. Жил бы ожиданием тебя.

— Значит, ты веришь, что там разрешены свидания?

— Верю. Но только для тех, кто не сам ускорил свой переезд.

— Это ты про самоубийц? А как, по-твоему, куда они уходят?

— Думаю, что и правда в темноту, причём, сами себя к ней и приговаривают. Как самонаказание. Знаешь, даже церковь запрещала хоронить их на общем кладбище и отказывала им в отпевании.

Я задумалась.

— Тогда как же надо себя ненавидеть, чтобы добровольно приговорить себя к вечной тьме?

Потом вспомнила кое-что про себя и добавила:

— Впрочем, бывает и так, что ненавидишь именно свет, и тогда эта тьма кажется подарком.

— Кому? Вот видишь, только себе. Как ни крути, а самоубийство, это, во-первых, эгоизм чистой воды, так как никто из нас в этом мире не один. А во-вторых — слабость, потому что жить значительно труднее. Такой поступок я могу понять только как порыв, когда в голове пусто и работает только отчаяние. Но никак не могу принять его, как обдуманно-взвешенный шаг. Он не может вызывать уважения.

И тогда я его не пожалела. Бросила два слова и замолчала:

— А ты?

Нет, у меня не было даже догадки, что прежде всего я не пожалела себя. А когда это стало ясно, было уже поздно.

— Хорошо. Думаю, нам пора внести полную ясность в этом вопросе. Уточнив, с затакта, что я никогда не собирался накладывать на себя руки, давай разберём сложившуюся ситуацию, как два неплохих шахматиста. Сухо и подчиняясь только логике. Согласна?

— Давай.

— Так. Для начала, определимся кто есть кто, с какими силами каждый из нас сел играть партию. Я — мужчина, семья, двое почти взрослых детей, любимая работа, скорая вторая квартира, а значит, и свобода от нелюбимой жены. Плюс, фора в восемнадцать лет жизненного опыта. Ты — девушка, студентка второго курса. Всё. Теперь, кто, по-твоему, должен выйти с наименьшими потерями из этой партии?

Начало меня обескуражило. Сказать было нечего. А он продолжал:

— Как сильнейшая сторона, чтобы сравнять хоть как-то положение, я отдал тебе инициативу. Не помогло. Тогда я чуть не сделал ошибку — решил уйти из семьи. Ты вовремя увидела пропасть, в которую мы неминуемо-быстро скатились бы. Оба. Излишне объяснять почему. И остановила меня. Тогда я зашёл в тупик. Раскладка оказалась несладкой. И прежде всего для тебя. Оставаясь со мной, рано или поздно, с тобой случится одно из двух — или ты, израсходовав все силы, возненавидишь свет и пожелаешь тьму, как подарок, или, выдержав ещё 4 года со мной, но без меня, окончишь институт и уедешь по распределению. И продолжишь жить ожиданием, тогда уже ещё более редких и с каждым разом всё менее жизненных встреч — они неминуемо начнут изживать сами себя. И тогда ты вновь окажешься на краю выдержки. Но даже если ты выдержишь и это, у тебя — и в одном, и в другом случае — никогда не будет того, что я уже имею — семьи и детей. Как видишь, моё намерение уехать основано на логике и продиктовано желанием спасти твою жизнь. И я до сих пор уверен, что это — единственно правильное решение. Но я дал тебе слово и сдержу его. Но не потому, что изменил решение, а потому что понял, что сделав это сейчас, я не только не спасу твою жизнь, а сразу прерву. И я решил дать время времени... И положиться на милость судьбы.

Что-то глухо-тяжело шевельнулось возле сердца.

— Значит, если я не смогу от тебя оторваться, ты всё равно... ты...

Нет, я не смогла произнести это слово — уедешь. Оно застряло в горле, как кость, и я не смогла его оттуда выдохнуть.

— Я уважаю тебя и не хочу унижать святой ложью. Да. Уеду.

И с оглушительным воем в душу ворвалась реальность, вытеснив собой все слова, мысли, и желания. И волю к борьбе. Ибо он был прав. Тысячу раз был прав!

Не мигая, одеревенев, я смотрела в его глаза и видела в них непреклонность. И любовь. И боль. И тоску. Он встал, поднял меня за плечи и тихо сказал:

— Но это, — слышишь? — это не будут ни завтра, ни послезавтра, ни даже через год. Я — с тобой, и всегда буду с тобой, до тех пор, пока не пойму, что твоя жизнь больше не слита со мной в неразливный поток. А когда твоё русло отделится от моего — тебе уже не будет ни так больно, ни так страшно, ни так отчаянно одиноко без меня. Останется только тоненькая пуповина, которую я незаметно перерву. И ты — полетишь. В жизнь, свою жизнь. Понимаешь меня?

Да, понимала. Но только одно, главное, — не завтра, ни послезавтра, ни даже через год. И чем явственней становился смысл его слов, тем больше я боялась только одного — не свалиться замертво раньше. Почему-то вспомнился рассказ о действительно произошедшем случае, как у человека, ожидавшего своей казни на эшафоте, голова отвалилась раньше, чем на неё опустился нож гильотины...

И тогда я прибегла к последнему, вглухую и вслепую от отчаяния:

— А если я выйду замуж, нарожаю детей и буду продолжать с тобой встречаться? Тогда и дети могли бы быть твои!

Как резко он меня оттолкнул! Лицо исказилось гневом и на целую вечность мне показалось, что он хочет меня ударить! Огромным напряжением воли, он сглотнул бешенство и, больно сжав меня за предплечье, силой подвёл к окну. Отдёрнул занавеску, сорвав её с петель и, толкнув меня к стеклу, прошипел:

— Посмотри. Ты хочешь стать одной из них?!

Сначала я просто испуганно-изумлённо отупела — так всё произошло быстро и совершенно неожиданно. Но мало-помалу до меня дошёл весь смысл случившегося, и, обняв его за шею, я безутешно и совсем по-детски, расплакалась. И, смешавшись со слезами, засочилась из меня юность, её последние защиты-иллюзии. Я становилась взрослой. Но тогда я этого не понимала, только тихо плакала, морося из себя боль и освобождая место мудрости.

— Люблю тебя. Люблю и горжусь нашей любовью. Никогда её не унижай. Слышишь? Даже в мыслях.

Он опять вытирал губами мои капельки солоноватого отчаяния, а я каждой мышцей тела старалась вжаться в него так, чтобы никогда уже из него не выйти. Он мягко отстранил моё зарёванное лицо и тихо сказал:

— Ты сделала мои губы своей промокашкой.

Я не смогла не улыбнуться.

— Всё будет хорошо. Ты веришь мне?

Да разве я могла ему не верить?

— Отлично. Тогда пошли в душ.

— Вместе?

— Вместе.

И продрогшее сердце сладостно расслабилось от хлынувшего на него жара, и щемяще-блаженно вздрогнуло тело.

А в душе, под горячие, щедрые, смывающие с тебя всю труху, всю слизь только что переборенной боли, я отдалась ему так, как только может отдаться любовь своей надежде — не разольёшь, не разделишь, не растащишь — в монолит...

Потом мы лежали в кровати, лаская друг друга дыханием и воркуя убаюканными душами. И неслышной поступью подступил сон. Мягкий и полный надежды, ведь мы были рядом.

35

Сквозь дрёму кто-то пригубил мои губы и прошептал:

— Мне надо идти. Ты спи. Ещё очень рано.

Я с трудом разлепила глаза:

— Уже?

— Мне надо забежать домой. Переодеться. Ты спи. И помни, 11 апреля мы снова будем вместе.

— Я встану.

— Нет, я уже бегу. До свидания.

И убежал, простившись со мной моментным прикосновением губ.

Некоторое время я пролежала спокойно — всё во мне ещё крепко спало. Но секунда за сукундой оно просыпалось, и я закрыла глаза, ожидая неминуемого удара. Получила. Выдержала. Прошло. Вернее, из шквала перешло в тупой, ноющий ветер.

Я встала и прошла в ванную, стараясь ни о чём не думать. Ни о чём! Удавалось плохо. Но я старалась, и в конце концов мозг, окончательно проснувшись под струёй ледяной воды, снова взял власть.

И стало легче, а точнее, стало никак. Но тишина — вымершая, обезжизненная и обезвоженная — давила, очень давила. Испугавшись, что она просто раздавит меня под собой, я быстро оделась и, как ошпаренная, выскочила в предрассветную ночь. И попала в объятия ненасытного, в вечном поиске тепла, дыхания зимы. Из огня, да в полымя. Мгновенно вымерз мозг, и сердце, больше ничем не защищённое, захлебнулось безрассветностью будущего.

Отплескалась, отзвенела сочная радость, и теперь, скрючившись и сжавшись в комок, безропотно стыла под зимним суховеем, превращаясь в часть невозвратного прошлого. А в настоящем меня хлестал и колошматил этот холод. И я шла медленно, почти наощупь, незрячими глазами ощупывая дорогу, чисто автоматически подчиняясь жалким попискиваниям мозга — к метро.

Не привыкай, если не хочешь узнать отвыкания. Но не узнав отвыкания, никогда не познаешь и единения...

Зев подземки. Эскалатор. Спуск, как в омут. Поезд, как в никуда. Переход, как смена декораций...

И опять эскалатор — на подъём. Но снаружи, — опять ночь, опять ненасыть-ветер и ослепшие от солёной поволоки глаза...

Но оснежённая боль уже не пульсировала, не превращала тело в кусок дерева. Только ныла, как эта зима, одноголосым воем обречённости.

Я не пошла домой. Снова оказалась в том сквере, на той же скамейке. И опять вспомнила о Татьяне. Той Татьяне.

Только сейчас, много лет спустя, я попыталась разобраться, почему так настойчиво возращалась ко мне Татьяна Ларина. Что общего могла иметь та девочка, уже во второй раз застывшая изваянием на скамейке конца двадцатого века, с бессмертной героиней Пушкина? Что их связывало?

Ответ есть — роль общества в их судьбе. Не будем сравнивать Онегина и Орлова, то, что один думал, что любил, а другой любил. Не это важно. Важно другое — злым гением было общество. Это оно стояло на пути двух девушек — одна никогда бы не вышла замуж за нелюбимого, тем самым изнасиловав свою душу и превратив её в вечно ноющую муку, а вторая уже давно купалась бы в счастье, как в море. Оно превратило одну в живой труп, а другую в кровоточащую рану. Оно не позволило им петь в унисон со своими совестью, сердцем и мозгом.

Давай представим Татьяну свободной — свободной петь свою песнь. Да, она осталась бы верной своей любви навсегда, заточив себя в сельском покое, в "диком саду". И кто знает, не победила бы её любовь слепую нелюбовь Онегина? Ведь чувство, такое чувство, может подарить и зрение. Дай только срок...

Они обе любили по третьей, высшей степени.

Но попробуем поменять их местами. Точно, они поступили бы слово в слово, след в след, одинаково. Значит, есть ещё одно, что их объединяло — белое или чёрное. Никаких оттенков, никаких компромиссов, никаких сговоров с тремя сторожами души — по высшей степени.

Доказательства? Подумай, что случилось бы с Татьяной, если бы она, будучи уже замужем, отдалась Онегину? Да, медленной, ужасной пыткой исчезновения взаимоуважения, она убила бы не только свою любовь, но и новорождённое чувство Онегина. И в итоге повторила бы путь Карениной.

А Тайви? Представь, что она вышла замуж за другого, чтобы не потерять Орлова, а потом вновь ему отдалась. Она тоже удушила бы любовь, и тоже пошла бы за Карениной.

Но это означало, что они никак не могли избегнуть и большой, очень большой боли. А раз ни одна, ни вторая не свернули на дорогу иного цвета, их души оказались и истинно сильными -- такими, которые смогли с честью противостоять не только этой боли, умертвляющей всё, что с изъяном, а и тому, кто её породил — обществу несвобод. Они сохранили любовь незапятнанной, не бросив её ему на растоптание.

Где есть Любовь, — нет места оттенкам. Только белое.

У них у обеих были глаза египетских цариц.

И они обе застыли на своих скамейках. Одна — на всю жизнь, смиренно приняв свою участь. А вторая...

Чтобы понять вторую, надо осознать и различия между этими девушками. А они были, эти различия, и причём немалые: одну не любили, а вторую — больше жизни. Кому было проще смириться с судьбой? У одной имелся тыл — любящий, уважаемый ею муж. У второй — как мотылёк на ветру...

Так сколько же сил должен был иметь этот мотылёк? И реально ли иметь столько сил?

Я продолжала сидеть, не двигаясь и почти не существуя. Холод всё уверенней овладевал телом, заставляя его трястись мелкой дрожью. Это радовало — верный признак, что я ещё была жива. Постепенно отступала ночь, но на её место приходила серость. Будто она и день заключили пакт о взаимном ненападении и установили двоевластие тьмы и света.

И это тоже нравилось: хоть природа меня жалела, понимала, что солнцем, ликующим в своей эгоистичной радости, нанесла бы по мне последний, добивающий удар контрастом. Даже мысли подрагивали под частоту тела, мелкой, неуловимой рябью. Нет, я не пыталась заглянуть в будущее, найти ответы, вновь овладеть смыслом своего бытия. Нет. Просто трепыхалась от холода и медленно коченела, превращаясь в прозрачные осколки боли. И все они застревали в сердце.

Не хотелось жить. Но и не хотелось умирать. Точнее, просто ничего больше не хотелось. Слово "хочу" плавно отпочковывалось, оставляя за собой зияющую пустоту. Потому что там, на этой скамейке, меня окончательно оставили все иллюзии, все "авось" и "там видно будет", все "сегодня хорошо, а там —

хоть трава не расти", все отказы глазам на их требования видеть, все белые краски, которыми я рисовала себе выходы из безысходного тунеля — тунеля безбудущности моей любви. Лежмя лежала под ногами надежда и, не жалуясь больше и не прося ей помочь, тихо стонала, остывая на белом, так щедро пропитанном другой, Вселенской надеждой, снегу. И отказывалась взять у старшей сестры хотя бы мизинец в помощь. Или уже не имела сил сделать даже это?

Отдалённо, как отзвук эха, вспомнилась одна фраза, сказанная очень давно Волжановой: "Я уйду от него тогда, когда станет легче без него, чем с ним." Лениво подумала над этим, и не увидела для себя никакой разницы между "с ним" и "без него".

Удивилась. Но потом догадалась, что наверное, бывает и так, когда и с ним, и без него — всё равно падаешь в пропасть. Потому что каждое "с ним" становилось лишь глотком воды, продлевающим агонию приговорённого к казни жаждой. А без них, без этих глотков — та же казнь, но только быстрая, без лишних и ненужных никому мук. Ни ему, ни мне. Никому.

И тогда я чуть пошевелилась. Забрезжил свет решения, выхода из тупика — надо было разом прекратить эту пытку.

("Первый признак начала прозрения — желание умереть". Franz Kafka).

Только так я могла помочь себе и спасти его. Ведь тогда ему уже никуда не надо было бы ехать. И, сказав себе: "Сама заварила, сама и расхлёбывай", вспомнила и одно Иркино обвинение, брошенное мне в лицо: "Ты умеешь только разрушать!" Наверное, она была права. Он тоже сказал, что даже моё вмешательство в политику страны было только попыткой разрушения...

Оказывается, прошло уже более двух часов. Наверное поэтому, было нелегко подняться — тело превратилось в сосульку. С трудом, морщась от боли, я размяла суставы и опять почувствовала, как сильно дрожало тело от стужи.

Через пятнадцать минут я была дома. Ирка отсутствовала. Скорее всего, была в школе. Но чтобы сделать то, что я задумала, надо было быть в этом уверенной. Тогда я разделась и легла в постель, отвернувшись к стене. Но продолжала трястись всем телом. Это раздражало. Я встала и пошла поставить чайник. А когда вернулась, застала Ирку сидящей на кровати, и её взгляд пробил даже моё отсутствие.

Я села напротив... и враз догадалась, что случилось.

— Ты получила письмо от Дениса?

— Да. И ты оказалась права.

— Так это же здорово.

— Нет. Ты не знаешь, что произошло за эти выходные.

И она рассказала мне то, что ты уже знаешь. И моя личная беда, чуть потеснившись, ослабила хватку. Иркин тупик показался ничуть не светлее моего. И тоже без выхода.

— Ты любишь Андрея?

— Я люблю их обоих.

— Так не бывает.

— Значит, бывает.

Мы долго молчали. Потом она спросила:

— А ты? Где ты пропадала? Сорвалась на ночь глядя, как сумасшедшая. Наговорила мне кучу бессвязных слов и пропала.

— Неважно. Так, у подруги была. Ты её не знаешь.

— А! Да, тут к тебе Олька приезжала. Меня не было, так она записку оставила.

Ирка дотянулась до тумбочки и протянула мне клочёк бумаги: "Мне очень плохо. Приезжай ко мне обязательно, как только сможешь. Умоляю тебя!". А Ирка продолжала:

— А вечером прибегала Алка. Мне и самой-то было... в общем, сама представляешь. А тут она, как ненормальная, вовсе на себя не похожая. Для полного комплекта теперь только Волжановой не хватает.

Пахнуло беспокойством. И моё личное ещё более посторонилось, сдавая позиции.

— Почему на себя не похожая?

— Как под током была. Только не таким, как раньше. Ну, будто потеряла почву под ногами. Ничего не говорила, только всё про тебя спрашивала.

Тогда я встала.

— Пойду, попробую им позвонить. Может, дома, не пошли в школу.

— Иди. Слушай, а ты где так промёрзла? Трясёшься, как осиновый лист.

— Ничего, отогреюсь. Ты последи за чайником, пока вернусь, хорошо?

Она равнодушно кивнула. Я накинула пальто и вышла. К Ольке не дозвонилась, отказались позвать, а Алка оказалась дома.

— Тайка! Как хорошо, что ты позвонила! Мне так... так... — голос её дрогнул. — Знаешь, я своим сказала, что простудилась. Не могу выйти, а то бы сразу к тебе поехала. Приезжай ко мне, а? Я одна, поговорим. Пожалуйста! А то совсем с ума сойду!

Я сглотнула. И вспомнила, как он говорил про базар, бабку и очередь...

— Хорошо. Буду через час.

— Ой, Таечка! Я так буду ждать! В обед накормлю отбивными!

Я вернулась домой, и мы с Иркой сели пить чай.

— Я тихо схожу с ума. И Дениса люблю, и Андрея. Но когда Денис узнает, что я с собой сделала... Он никогда не поверит, что из-за него. Подумает, что гульнула. А Андрей принял меня такой, какая я есть. Я всё ему рассказала и он сразу меня простил.

— Значит, любит.

Да, Ленка, ни я, ни Ирка тогда ещё не знали, что такому всепрощению может быть и ещё одно объяснение, диаметрально противоположное —

безразличие, но щедро прикрытое густым слоем влюблённости. А под таким покровом его также трудно разглядеть, как в мутной воде — дно!

— Не переживай ты так. Утрясётся. Приедет Денис, и поймёшь, кого на самом деле любишь. Просто ты очень давно его не видела. А если так сильно боишься сказать ему о себе... Промолчи, он и не заметит.

— Как это, не заметит? А кровь? Ведь должна же быть кровь!

— Нет. Не обязательно.

— Как, не обязательно? Откуда ты это знаешь?

Я не стала ей рассказывать о собственном опыте. Зачем?

— В одном медицинском журнале прочитала. Правда, там писали про спортсменок. Но он, ведь, не знает, что ты никогда не занималась спортом?

— Нет, не знает. А ты ничего не выдумываешь?

— Поройся в соответствующей литературе, и сама в этом убедишься.

— Нет, посмотри на меня. Такая пышка, как я, никогда не пройдёт за бывшую спортсменку. Не поверит.

— Чепуха. Многие спортсмены толстеют, бросая спорт. Это тоже всем известно.

Она помолчала.

— Нет. Не хочу врать. Скажу всё, как есть. А если не поверит...

— То не любит. Правильно. Тогда и мучиться перестанешь, разрываться между двумя. Я не верю, что можно любить двоих. Это только заблуждение. Вот увидишь.

Потом я поехала к Алке и провела у неё весь день. Ибо то, что она мне рассказала, повергло в шок. Я не могла не сравнивать. И сравнивая, никак не могла поверить, что Антонов её любит. А она весь день допытывалась моего мнения:

— Ты его знаешь лучше меня! По три раза в неделю проводишь с ним чуть ли не по 4 часа! Ты всё знаешь!

Ну, что я должна была ей сказать? Правду, чтобы добить сразу? И потом, а если я ошибалась? Ведь могла же наша любовь быть только исключением из правил, так сказать, вне статистики?

И я выкручивалась ужом, как могла. В конце концов, она тоже была шахматисткой, и даже очень хорошей шахматисткой!

— Слушай, Алк. Представь себе, что ты села с ним играть партию в шахматы. Так проанализируй сложившуюся ситуацию, и сама придёшь к искомому выводу.

— Как это, партию? Ты что? Поставила шахматы рядом с любовью?

Тогда уже я растерялась по-настоящему. Просто потеряла почву под ногами! Для меня это было само собой разумеющейся истиной, а для неё — абсурд!

Да, не только видеть, это ещё не значит и увидеть. Не только слышать, это ещё не значит и услышать. Но и знать, это ещё не значит и познать.

Стало тошно. Потому, что я опять почувствовала своё бессилие. Состояние стороннего наблюдателя, который не в силах что-либо изменить. Впрочем, если я не могла разобраться со своим, то как могла претендовать разобраться с чужим?! Мне и в голову не пришло, что с моим-то просто не существовало разбирания...

Домой добралась вечером, полностью опустошённая. И застала Волжанову. На пороге встретилась с красноречивым взглядом Ирки — её слова о комплекте полностью сбылись.

Ленка принесла водку. Но... Такой я её ещё никогда не видела — казалась тенью самой себя. А когда выпили, мёртвым голосом рассказала то, что ты уже знаешь.

Ирка молчала, а мне хотелось убежать. Далеко. Туда, где можно было бы пересидеть этот шквал потерь. Мне с избытком хватало моего, а тут...

Впрочем, боль продолжала всё более и более тесниться...

— Лен, -- голос Ирки нарушил тишину, -- ты знала, что это будет. Всегда знала.

— Одно дело знать, другое дело, когда уже долбанёт по голове.

Это — точно. Убедилась на себе.

— Ленк, ты — сильная. Всё выдержишь. И потом, Ирка права. Ты знала. С самого начала всё знала. И была к этому готова.

— Я думала, что была готова. А теперь... Хоть в петлю.

И это точно. И я замолкла. Тогда заговорила Ирка:

— Я тоже натворила делов от отчаяния. Тоже хотела в петлю залезть.

Она всё рассказала. Но реакция Ленки была совсем не такой, какой мы ожидали:

— Ну и дура. Если бы ты по-настоящему любила Дениса, никогда бы этого не сделала. А уж если сделала, то чё в петлю не полезла? Подлезть под мужика — смогла, а наложить на себя ручки слабо оказалось?

Ирка стала зелёной, а у меня всё похолодело от страха за обеих.

— А ты-то, чем от Ирки отличаешься? Она хоть никогда и никому не позволяла себя унижать! Никогда и никому! А ты?! И потом, ты тоже подлезла под мужика, которому с высокой горки на тебя начхать! А Ирку тот парень до сих пор преследует, в любви клянётся и жениться предлагает. Ясно?!

Ленка такого выпада не ожидала. Замерла на секунду, соображая, что ответить. Но я не дала:

— И вообще. Не в том дело, кто — Ирка, а кто — ты. А в том, что вам обеим плохо! И не надо лезть сапогами ни в чью душу! Все мы здесь хороши! Нет среди нас святых, ясно?

Ленка долго на меня смотрела. Потом вздохнула, повернулась к Ирке и сказала:

— Она права. Святых среди нас нет. Ты это... не обижайся. Это я так, сгоряча. Просто хреново мне.

Ирка кивнула, но промолчала. Они никогда друг другу не нравились.

— Что будешь делать? — спросила я.

— Не знаю. Но учиться стало тяжко. Смотрю в книгу, а вижу фигу.

— Ничего, до сессии очухаешься. И не держи это всё в себе. Пореви хоть раз!

— А что толку в слезах-то? Слезами горю не поможешь. А если честно, обе ночи проревела. И ту, и эту. Но легче не стало.

— И у Алки кошмар.

Я рассказала. Не утаила и своё мнение. К удивлению, обе со мной согласились.

— Дура. Теперь, как насытится, бросит её, как обтрёпанную вещь.

— Но ведь тебя-то Бергер не бросил?

— Э! Не сравнивай! Я никогда, — понимаешь? — никогда не требовала от него любви! И ему было удобно и легко со мной. Всё в себе держала. Всё! Почему бы ему было и не быть со мной? Если бы не уезжал, может, ещё и победила бы. Даже уверена, что победила бы! А эта... эта начнёт лезть к Антонову с дурацкими вопросами, типа, а ты меня ещё любишь? а как сильно любишь? а почему не звонишь? а почему не целуешь? а где ты был? а почему смотришь на ту бабу? и т.д. и т.п. Осточертеет ему всё это и сбежит. Или найдёт другую. Отдают свою девственность, а потом липнут к мужику, клещами не отодрать! А они свободу любят и тех, за кем гоняться надо. Постоянно! Вроде и есть, да нет! Всегда надо оставаться такой, в какую он влюбился. В самом начале. А не разнюниваться соплями и хвататься за мужика обеими лапами.

("Любят только то, чем не обладают полностью". Proust).

Мы согласились. И все трое пожалели Алку. Мы не верили, что она это понимает. А даже если понимала, то наверняка принимала это не как истину, а как теорию.

— Ты ещё репетируешь? — спросила Ленка, -- Ну-ну! Делать тебе нечего. Впрочем, развлекайся, пока можешь. Но лучше бы ты книжки читала.

Волжанова ушла, и мы легли спать. Сил о чём-либо думать больше не было. Только, будто жалея меня, коснулось сердца дыхание запрещённо-далёкой радости обещанной встречи, такой чистой и такой щемяще желанной, что тихой улыбкой отозвались ей пересохшие губы и слабым стоном откликнулось горло.

Да, Ленка. Я ни разу не вспомнила, что на мой день рождения ты ждала меня к себе. Ни разу. Ни тогда, ни потом. И всю жизнь не могла себе этого простить...

На следующий день, к моему собственному удивлению, я смогла заставить себя пойти в институт. Но чести мне в этом было мало — уши слушали, но мозги ничего не слышали. После занятий, обозлённая и уязвлённая своим фиаско, я спустилась в столовку, отстояла очередь за талоном, подошла к очереди за едой и тут услышала мужской голос:

— Тайви Юрьевна!

Я оглянулась и сразу же узнала Семёнова, бывшего нашего начальника стройотряда. Пахнуло летом, гитарами, кострами и... гноекровной тоской по нему...

— Узнаёте меня?

— Конечно! Здравствуйте!

— Знаете что, разрешите вас пригласить пообедать со мной. Вам ещё долго стоять, а моя очередь уже подходит. Окажите честь! А ваш талончик используете в другой раз. Хорошо?

И он улыбнулся простой приятной улыбкой. Отказать было неудобно, и я кивнула. И удивилась, как он обрадовался. Мы вовремя подошли к его раздаточной, взяли по обеду и сели за столик.

— Наконец-то я вас встретил! Сколько времени прошло! Почти год. Ужас, как бежит время. Знаете, очень нужно было вас увидеть, а сегодня — прям повезло.

Во-первых, я не понимала, зачем ему нужно было меня увидеть. А во-вторых, если уж это было так важно, то почему он просто не выловил меня после какой-нибудь пары? И... Да, думаю, ты уже догадалась, что я так его об этом и спросила. И опять удивилась — он смешался и даже покраснел! И залепетал какую-то чепуху:

— Это... знаете... ну, конечно, я мог бы и после лекций вас поймать, но не хотел беспокоить и, в общем, это не так срочно было, ну...

И только когда он, окончательно запутавшись в собственных словах замолчал, до меня дошёл весь смысл происходящего. И мне стало его жаль.

— Да вы не беспокойтесь! Я тоже рада вас видеть. Вы были отличным начальником отряда.

Он расслабился и благодарно на меня посмотрел.

— Приятно слышать. Особенно от вас, — он запнулся. — Ну, как от пострадавшей. Кстати, как ваше колено?

— Я совершенно о нём забыла. Бегаю и прыгаю, как раньше.

— Прекрасно! А если я приглашу вас в кино? Как, выдержит колено?

И заметив моё удивление, смешанное с замешательством, быстро добавил:

— Прошу вас, не отказывайте мне. Только самое обыкновенное кино, без всяких подтекстов. Сегодня, завтра, словом, когда вам будет удобно. Согласны?

Самое неприятное во всей этой истории было то, что я совершенно не помнила ни его имени, ни отчества. Только фамилия его осталась в памяти. А идти в кино с человеком, которого не знаешь даже как зовут?! И тут он опять прочитал мои мысли, как тогда про репродукции, которые висели в его вагончике-кабинете.

— А если вы не помните, как меня зовут, то это не беда — Степан Васильевич. Можно и просто Степан. Очень прошу вас, не отказывайте.

Ничего не оставалось, как принять приглашение, только...

— Степан Васильевич...

Но он перебил меня, настояв на простом Степан.

— Хорошо. Степан, сегодня я не могу. По понедельникам и субботам у меня репетиции ансамбля. Раньше вообще было по три раза в неделю.

— Ансамбль? Вы поёте в ансамбле?

Пришлось всё рассказать. Впрочем, было интересно с ним говорить. И потом, я так давно не видела живого интереса в чьих-то других глазах, кроме как у него и у тебя!

Внешне Семёнов почти не изменился, только цвет кожи стал явно белее и укоротились волосы. На вид ему было лет 35-36. А чёрные глаза блестели радостью и удивлением услышанному.

— Я сразу понял, что вы необычная девушка. И восхищаюсь вами. Так когда пойдём в кино?

Мы договорились встретиться на следующий день, после занятий, и расстались. Только я отошла, как меня нагнала Волжанова и сразу, с места в карьер, забросала вопросами о Семёнове. Сначала я оторопела, но потом всё выяснилось.

— Мне бы зачёты по лабораторкам получить. Ты хорошо его знаешь?

— Да говорю же тебе, что нет! Был начальником стройотряда и всё!

И тогда Ленка сообщила, что Семёнов был доцентом и завкафедрой электротехники, по которой у неё были завалы. А когда она вытрясла из меня и о его предложении сходить с ним в кино, аж затряслась от радости.

— Прекрасно! Ты его в себя влюбишь, и мои лабораторки можно будет считать зачтёнными!

— Ленка, да не дури ты! Не имею никакого...

Но она перебила:

— Слушай! Да он самый завидный жених во всём институте! Квартира с балконом на Невский, машина новая, "Жигули" называется, зарплата, а не пособие по-безработице и никакой жены! Вернее, была, да вся сплыла — развёлся! Балериной в Большом была!

Теперь наш поход в кино представился мне уже совсем в другом свете. И я пожалела, что согласилась. Но Ленке об этом не сказала. А она продолжала:

— В общем, так. Иди в кино, хорошо улыбайся, а потом замолви за меня словечко. Ясно?

— Ленк, ну... противно же всё это.

— Слушай, подруга ты мне или нет? Так можешь потерпеть ради подруги пару походов в кино? Тем более, не с идиотом, а с вполне приличным мужиком. Я бы ради тебя и не такое сделала!

Я знала, что она не врёт. Она бы для меня сделала. И сдалась.

— Ладно, но только ради тебя. А вообще, ну и сволочи же мы, бабы. Ничуть не лучше мужиков!

— Слушай, а ты выйди за него замуж! Тогда и не будешь сволочью!

Я огрызнулась. Но она, прежде, чем отстать, бросила:

— И потом, тебе ли беспокоиться о сволочах? Думаешь, я не вижу, какая ты зелёная ходишь! Молчишь, так я и не спрашиваю, не в моих привычках в душу лезть, но уверена, что всё о следователе своём переживаешь. Но он же бросил тебя? Бросил! Небось, и попользоваться тобой успел, не отказался. Так что....

Сильно скрутило внутренности. Так сильно, что даже Ленка заметила:

— Вот-вот, вся аж побледнела. Ладно. Плюнь. И не теряйся. Мужик — что надо.

Я не сдержалась и зло бросила:

— Так что же ты-то на него не кидаешься? Бергер-то твой, тю-тю, поминай, как звали! Так давай, вперёд!

И мы замолчали, застряв в холе института, как в тупике. Наконец, она ответила:

— Я люблю Вовку. А у тебя — только уязвлённое самолюбие. Вот в чём разница.

— Нет. Это у меня — любовь. А у тебя — брешь в твоём эгоизме.

Округлившиеся глаза и немая сцена. Потом вздох... но я перебила её:

— Ленк, давай не будем лезть друг другу в душу, а? Особенно, когда мы там — непрошенные гости. Договорились?

И она, сама того не зная, наотмашь, со всего маха, нанесла мне точный, жестокий, рваный удар прямо в солнечное сплетение...

— Договорились. Но только ты зря про эгоизм. Я его люблю. И меня никто не бросал. А ты... это не любовь.... нельзя любить труп.

Сразу отказали уши, и жгутом сдавило горло. И вновь реальность, жуткая в своей непреклонности, встала во всей своей красе перед сердцем. И никому не нужной пыткой показалась жизнь. И волной отчаяния окатило с головы до ног. И палубой корабля качнулась земля. И булькающим хрипом полез из горла вой...

И тогда снова, уже в который раз, спаситель-мозг подчинил себе душу и резкой командой приказал уйти.

Ленка догнала меня, да. Что-то говорила, оправдывалась. Издёргала за рукава и загораживала собой дорогу, но... Я её уже не слышала. Тело стало глухим и слепым.

Я вышла на улицу. Холод затухающего дня помог выдыхающемуся мозгу.

И я снова оказалась в том же парке, и на той же скамейке...

Сколько я там пробыла — не знаю. Но ушла оттуда, только когда зуб перестал попадать на зуб, а ноги загудели, как провода. А когда добралась домой, меня уже сильно шатало и маятником стучало в висках. Зато исчезли все мысли.

Появившаяся Ирка, быстро выяснила, что я заболела. Это была ангина — моя Ахиллесова пята, вечная спутница моих простуд. Обычно моё тело отделывалось лёгким недомоганием, но на этот раз его скрутило по-настоящему, во всю мощь. И до сих пор думаю, что эта болезнь, такая болезнь, и оказалась тогда моим спасителем.

Когда ломит тело, давит ноги, а в голове — густой температурный туман, отдыхает душа. Ты становишься одной сплошной болючей материей, и всем остальным чувствам просто не остаётся места. Самые элементарные желания превращаются в смысл твоей жизни — чтоб не горело, чтоб не саднило, чтобы рука не весила полтонны. И чтобы опять побежать вверх по лестнице. И эти простые, такие примитивные в обычном, здоровом состоянии мечты, обновляют и возрождают ощущение притупившегося было счастья от их достижения.

Я вспоминала больницу, отделение травматологии, где провела три памятных дня. Боязнь остаться хромой отодвинула тогда на задний план все мысли, все волнения здоровой жизни. Я снова ужасалась горю изувеченных судьбою людей. И даже чувствовала стыд. Ведь никто из них не только бы не понял моих намерений, но и осудил их.

Так почему же это легко забывается, едва к нам возращается способность к бегу?

Скажешь, не телом единым? Да, скорее всего. Замолкает тело, поднимаются требования и стенания сердца. А от них нет и не может быть ни обезболивающих, ни лечащих средств. И такая боль, если настаивает, если долго не затухает, может и тело изувечить. Ещё как может! И даже уничтожить.

Но только, если любовь к телу не сильнее всех остальных чувств. Впрочем — взаимно. Тело тоже может убить душу. И изувечить. Но и в этом случае всё зависит от того, кто из них сильнее — тело или душа.

К сожалению, почти всегда сильнее тело.

Но есть и другие души. Они настолько мощнее и прекраснее своей оболочки, что живут практически вне её. Иначе никогда бы не полетел Маресьев, Островский не написал книгу, Бетховен не стал бы Бетховеном, а любовь Гольдернеса, такая любовь, которая не только сама ушла в бессмертие, но забрала с собой и его (если не помнишь — он был прикован к инвалидной коляске), даже бы не родилась.

И всем нутром я отрицаю известную поговорку: в здоровом теле — здоровый дух. Да ты только подумай! Это в каком же смысле — здоровый дух?! Дух, который зависит и живёт по принципу тела — не болит и хорошо?

Согласись, это изречение для тех, у кого оно, тело, первично. Впрочем, для подавляющего большинства.

"Кто жил и мыслил, тот не может в душе не презирать людей". Кто согласится с Александром Сергеевичем, обязательно согласится и с Владимиром Ильичом: "Это великий труд — любить людей". А тогда -- и с моим собственным выводом: "Величие души определяется её независимостью от тела". Ясно, что все три истины — взаимообъясняющие и взаимовытекающие друг из друга.

Но тогда я лежала в полузабытьи и наслаждалась покоем души. Только одно меня волновало — опять пропускаемая репетиция и Семёнов. Терпеть не могла не сдерживать обещания. И опаздывать.

Кстати, насчёт опаздывать. Замечу в скобках, что в моём воспитании в этом вопросе сыграла огромную роль одна фраза, где-то и когда-то мною вычитанная: точность — вежливость королей. Я заменила "королей" в "королев" и старалась никогда не опускаться ниже этого титула, во всяком случае, когда это зависело от меня. Но всегда предупреждала и извинялась за задержку. И, как следствие, перестала уважать всех, кто оказывался ниже короля...

Вот почему я попросила Ирку предупредить Семёнова.

— Какого Семёнова?, -- переспросила она, -- Начальника нашего стройотряда?

— Да. Он меня ждать будет. Скажи ему, что я заболела и не смогу прийти.

— А почему он будет тебя ждать?

— В кино собирались пойти, так... вот...

Глаза Ирки округлились от удивления:

— Ну, ты даёшь! Не теряешься! То майоры КГБ, то доценты! Понятно, почему тебя студентики не удовлетворяют! Думала, ты там, в стройотряде, пошутила насчёт Семёнова, а ты и правда за него взялась! Это с каких это пор у вас?

Мимоходное прикасание к моей ране вызвало такой спазм нервов, что даже на миг заглушило все мучения тела. И я промолчала. Но Лепова, так и не дождавшись никакого ответа, великодушно согласилась:

— Ладно, предупрежу. Болей себе на здоровье. Но всё-равно не устаю тебе удивляться. Молодец! А не боишься, что отобью?

— Пытайся, на здоровье. Но это ещё не всё. Позвони Алке. У меня сегодня репетиция. Пусть она предупредит Антонова. Хорошо? А то нехорошо получается. Уже вторую репетицию пролыниваю.

— Век рассчитываться будешь. Иду сразу звонить. И врача тебе вызову. Справку же надо получить?

Она ушла. А утихомиренная совесть позволила мне, наконец, мирно заснуть. Ну, насколько это возможно при температуре 39° и с горлом, которое нежно погладили напильничком.

36.

Пять дней я проваялась в постели. А когда поднялась, желание, — нет, необходимость, — его видеть пересилило все скамеечные мысли.

Всё, с чем я вернулась домой из парка, отдалилось и расплылось в прошлом. В прошлом души, на которую вдруг нахлынуло затмение. Сейчас добровольный отказ от него, казался совершенно невероятным. Ведь смерть могла означать только одно — никогда его больше не увидеть. Никогда! Даже там! И я, не переставая, удивлялась себе, вновь готовая за один миг, проведённый с ним, заплатить целыми годами скамеечного бытия. С радостью!

И абсолютно нереальным стал казаться и его отъезд. Он просто не мог этого сделать! Не мог! Не мог — и всё!

Сейчас думаю, что сработал клапан души — захлопнулся, испугавшись за свою жизнь. Помнишь, я писала тебе, что необъятное по значимости событие не должно осваиваться душой сразу — это может плохо кончиться. И срабатывает защита — пропускаемость притормаживается ровно настолько, насколько позволяет прочность и выносливость сердца. И спасибо Создателю, что он наделил нас такой способностью. Впрочем, это только одна из форм инстинкта самосохранения, но лишь для тех, у кого отсутствует любовь к телу, или почти отсутствует.

В субботу вечером я пришла на репетицию. Володя сразу накинулся на меня с громкими упрёками:

— Наконец-то! Что ты себе думаешь? До концерта осталось три недели! Всего шесть репетиций! А ты даже не сходила ещё к тем старикам! Ну, к тем, бывшим блокадникам! И ни разу всю оперу не спела! Не сыграла! Костюмы не примеряла!

И т.д. и т.п. Я чувствовала его правоту и виновато молчала, ожидая, когда он выплеснет избыток волнения и вернётся в своё нормальное состояние. Наконец он выдохся, и я сказала:

— Володь, давай репетировать, а? Больше не пропущу ни одного занятия. А к тем людям схожу на следующей неделе.

— Ладно. Смотри, в следующую субботу будем репетировать в концертном зале, с костюмами. Словом, всё, как положено, и начальство будет. Ясно?

Три часа музыки всколыхнули и умыли душу. И залечили рану. Будто она искупалась в океане надежды.

("Без музыки жизнь была бы не более, чем ошибка". Friedrich Nietzsche.)

"Тот, кто не чувствует внутри себя музыки и не размягчается душой от гармонии её сладких звуков, и продолжает быть готовым к предательству, обману и воровству... никто не должен доверять такому человеку". Shakespeare).

Как жаль, что у Володи не хватило духу встать на другую тропу! Скольким он смог бы подарить такие минуты возрождения! И, полностью отключившись, я так пела, будто во всём оркестре оставалась только одна гитара, та, с которой я породнилась.

После репетиции, как всегда, провожая меня к метро, Антонов извинился:

— Слушай, не обижайся, ладно? Ну, что наорал на тебя. Прям, как псих какой-то стал последнее время. Так боюсь премьеры...

— Не обижаюсь. И не переживай ты так сильно. Всё будет хорошо, вот увидишь!

— Если будешь петь так, как сегодня — точно всё будет хорошо. Знаешь, как первый раз тебя слышал. И все ребята тоже заметили.

Я улыбнулась:

— У тебя такая музыка, что даже тот, кто вообще петь не умеет, и то запоёт.

— Спасибо. А вообще, чем ты обычно занята в свободное время, кроме шахмат?

— Сейчас в шахматах — относительный перерыв. Со следующей недели возобновятся занятия, но только один раз в неделю. А в учёбе приближается завал. Так что, пора браться за ум.

— Понятно, но я спрашивал тебя про твоё свободное время.

И я задумалась, пытаясь понять, что он имел в виду под словами — "свободное время". У меня вообще никакого не было. А тут ещё какое-то "свободное". Свободное от чего? От дум и мыслей, от учёбы и гитары, от стихов и друзей, от книг и его оперы? Ото всего, что было моей жизнью? Всему я отдавалась целиком, всюду стараясь успеть, всё было на первом месте. Вернее, на первом, но после него. А точнее, пока был он, была и жизнь. Так про какое-такое свободное время он говорил?

— Вовк, а у меня нет свободного времени. У меня вообще никакого времени нет.

— Я так и думал. Ты... знаешь, я вот смотрю на тебя, слушаю, приглядываюсь, вопросы задаю, но всё-равно ничегошеньки в тебе не понимаю. Вроде, и вся открытая, и не ломаешься, и не скрываешь ничего, а... ну, как за сто километров отсюда находишься. Так и хочется подойти поближе и попытаться разглядеть.

Я внутренне сжалась. Даже находясь за тысячу километров отсюда, было бы нетрудно понять, куда он клонил. И как всегда в таких случаях, я заговорила в открытую:

— Володь, не надо. Бесполезно. Алка — моя подруга.

— А разве я что-то сказал? Я что, лезу к тебе? Но раз уж ты затронула эту тему, так давай! Значит, ты не переходишь дорогу подругам, так? Ну, а если я с ней расстанусь?

— Даже если вы расстанетесь. Даже если она никогда не узнала бы о нашей... — я притормозила, не зная, каким словом всё это назвать, — ну... обо всём этом.

— Почему? Этого я не понимаю. Ведь тогда бы уже не было никакой дороги, которую ты стала бы пересекать? Так?

— Нет. Я бы всё-равно знала, кто её пересёк. И этого мне достаточно. Хочу спокойно смотреть Алке в глаза. И спать ночью. Во всяком случае, не ломать себе сон сознательно. И так грехов по горло! Но те, хоть, были неумышленными. Так что...

— Странная ты. Трудно тебя понять. Или цену себе набиваешь? Впрочем, весь этот разговор был так, просто поболтали.

— Конечно. Просто поболтали.

У метро мы обменялись рукопожатием, и я в первый раз задала себе вопрос, на который не смогла ответить: а не должна ли я всё это рассказать Алке?

Воскресенье было съедено учебкой. Утром, едва проснувшись, я позавтракала и насильно отвела себя заниматься. До обеда усердно кормила мозги, но когда подошло время накормить и себя, решила сначала пройтись по воздуху, чтобы отдохнуть, а заодно и нагулять аппетит.

Выйдя из общежития, я зажмурилась от блеска подступавшей весны. День выдался совсем не ленинградский. Как тогда, когда мы катались на коньках...

От этого лёгкого, солнечным касанием воспоминания, сильно и сладко охнуло в груди. Неужели даже природа теперь будет напоминать мне о нём? Это было ново и странно. Я знала, что можно сбежать от мест, которые каждым камешком, каждой травинкой кричат о прошлом. По собственному опыту уже знала, что на какое-то время можно удрать и от самой себя, закрывшись в раковине бесчувствия, как в камере хранения. Но не имела ни малейшего представления, куда можно скрыться от неба и солнца, зимы и лета, дождя и рассвета.

И стало кристально ясно, насколько им был пропитан весь мир. Повсюду и насквозь, как лучами этого солнца. Но открытие не вызвало страха. Нет. Даже обрадовало. Чуть с грустинкой, чуть с болинкой, но именно обрадовало. И тень той самой скамейки окончательно засветилась солнцем. Солнцем надежды.

Я шла по улицам полузимнего-полувесеннего города, расслабленно и глубоко вдыхала размякший воздух, рассеянно, полуприсутствуя-полуотсутствуя смотрела по сторонам, и вдруг...

Это произошло молниеносно. Потребовалось время, чтобы всё осознать, прокрутив плёнку в обратную сторону, и просмотрев её в замедленном темпе.

Невысокий, обыкновеннейший парень переходил проспект по пешеходному переходу. Он двигался скорым шагом, на уже заканчивавшийся зелёный свет. Двое ребят его окликнули, когда он находился на самой середине проезжей части. Парень остановился и оглянулся.

А в это время, прямо на него, мчалась серая "Волга" такси. Машина не тормозила, так как у неё уже горел зелёный, а перень, если бы не изменил свою скорость, спокойно успел бы освободить ей дорогу. Помню, как у меня остановилось дыхание. И помню душераздирающий крик тех двух ребят...

Резко обернувшись, парень увидел несущуюся на него смерть. Она была уже в пяти шагах от него. И он... подпрыгнул!!! Вверх, как на пружинах! И "Волга" прошмыгнула точно под ним, а он, благополучно приземлившись, тут же подскочил и выбежал прямо на меня. И мы уставились друг на друга, в полном и немом шоке.

Только когда появились те самые ребята, похлопывая его по плечу дрожащими руками и расспрашивая о самочувствии; только когда толпой подбежали люди, свидетели произошедшего, издавая восхищённо-изумлённые возгласы и подняв сильный гам и шум; только когда подбежал белый, с дрожащими губами шёфер того самого такси, извергая страшные проклятия в сторону несостоявшихся, сконфуженных и сильно передрейфивших самоубийц, я пришла в себя и смогла отойти. Но не ушла. Мне надо было с ним поговорить! Надо было! И я молча ждала, пока рассеется толпа, чтобы подойти к этому уникуму. Кстати, он вовсе не походил на какого-нибудь тренированного спортсмена.

Наконец, ребята, раздвигая руками толпу, двинулись прочь. И я догнала их.

— Простите. Но... я всё видела и... не знаю даже, как реагировать. Это... ну, как в кино. Своим глазам до сих пор не верю. И... хотела бы спросить вас...

— Да что тут спрашивать-то?, -- перебил парень, -- Я и сам ничего не понимаю. Только, вот, ноги дрожат, как в лихорадке, и такая слабость, будто двадцать километров пробежал.

— Вы спортом занимаетесь?

— Да ничем я не занимаюсь! Говорю вам, сам не знаю, как это я полтора метра в высоту сиганул, да ещё и с места. Будто кто-то поднял меня и аккуратно поставил на землю. Я даже не почувствовал прыжка! Ну, как взлетел и всё. Ничего не понимаю.

— Но ведь были же какие-то мысли! Говорят, перед смертью вся жизнь перед глазами проходит. Вспомните! О чём вы думали, когда машину увидели?

Парень помолчал. Потом заговорил спокойнее и каким-то растерянным голосом, словно уже сам не верил тому, что говорит:

— Знаете, была одна мысль. Вернее, я просто страшно изумился, что уже должен умереть. И не захотел! Прям, вскипело всё внутри от обиды и бешенства. Как взорвалось всё! А дальше уж не помню. Помню только, что оказался на земле и сразу дёру дал, чтоб под следующую машину не попасть. И всё.

Но я не отставала.

— Вы так любите жизнь?

— Да не знаю я! Никогда об этом не думал. Но выходит, что так. Чертовски не хотелось подыхать.

— Заново родился, считай! — сказал один из его друзей.

— Точно. Я так и чувствую себя сейчас, как заново родился.

Ещё какое-то время я прошагала с ними. Но так ничего и не поняла. И перестала себя мучить, решив поговорись об этом с ним. Когда увидимся.

Вернувшись в общежитие, я пообедала и, мужественно взяв себя за руку, опять отвела в учебку, откуда уже до позднего вечера себя не выпускала. И было очень здорово вернуться домой с чувством хорошо исполненного долга. Но этих долгов оставалось ещё так много, что все последующие дни я, практически, не вылезала из учебки, сразу погружаясь в неё, как только возвращалась с института. Семёнова я больше не видела и совершенно о нём забыла.

В день полугенеральной репетиции, в субботу, я очень волновалась. А к Антонову вообще было лучше не подходить. Даже не потому, что он на всех рычал, по двадцать раз повторял одно и то же и, не переставая, угрожал смертью каждому, кто ошибётся, или слажает, или забудет слова. А потому, что он ни на секунду не останавливался, и, чтобы с ним поговорить, надо было бегать за ним с его же скоростью — как угорелому.

Кроме того, оказалось, что моя юбка была настолько широкой, что без всякого сопротивления со стороны моего тела, упорно падала к ногам, и я никак не могла найти хоть какую-то булавку, чтобы удержать ее. А сапоги безбожно жали. Только гимнастёрка была как раз. Но, по-моему, она никогда в своей жизни не видела утюга. Как видишь, мне было вовсе не до Антонова. Но он обо мне помнил:

— Не забудь, ты начинаешь первой. Без музыки!

— Вовк, да успокойся ты! Ну как я могу это забыть?

— Все так говорят, а потом забывают, как мать родную зовут! Слушай, а хочешь я, всё-таки, дам тебе первый аккорд? Ну, чтоб точно в тональность попала? А то, знаешь, от волнения... А?

Чтоб его успокоить, я согласилась. И он испарился.

Спели и сыграли мы без единой шероховатости, как часики! Комиссия была в восторге и полностью одобрила нашу работу. Мы летали, а Антонов даже крепко меня обнял и звонко поцеловал в щёку. Я ответила ему тем же, и мы, на седьмом небе от счастья, зашагали к метро.

И никто никакого внимания не обратил на одну малюсенькую, но такую огромную деталь, которая так и осталась не отрепетированной. Я знала о ней, но даже на йоту не представляла себе, насколько она окажется для меня, именно для меня важной!

Довольные, чуть ли не подпрыгивая от переполнявшего нас удовлетворения полученным заслуженным успехом, мы весело шли к метро.

— Ну, теперь я почти спокоен. 27-го сыграем так, что зал стоять будет. Вот увидишь! А потом отпразднуем. В ресторане. Всей компанией! С танцами!

— Согласна! Я обожаю танцевать!

— Тогда мы с тобой обязательно потанцуем.

— Это если Алка разрешит. В чём я очень даже сомневаюсь.

— Ну уж, нет! Я человек свободный. С кем хочу, с тем и танцую!

Последняя фраза чуть резанула -- вспомнился Гриф и Бергер. Но настроение было настолько далёким от пасмурных дум, что я просто промолчала, не желая нагонять тучки на солнечный небосклон. А когда он спросил про тех старичков-блокадников, я клятвенно пообещала, что в следующий же вторник обязательно их навещу, сразу после занятий.

Почему был так необходим этот визит? Дело в том, что я не только дожна была хорошо вникнуть в мою роль. Согласно сценарию, я должна была рассказать об этом визите, стоя за сценой, под аккомпанемент Игорька пианиста. А как можно рассказывать о том, чего не видел?

Мы расстались возле метро. Постепенно состояние эйфории стало ослабевать и стушёвываться. Я вновь возвращалась в моё обычное теперь состояние — ожидание встречи с ним, до которой уже оставалось всего пять дней.

Странное это было ожидание. И радость, и боль вместе. И обе — как безбрежность. Будто взаимно погашая друг друга, давали ощущение какого-то блаженного зависания над бездной. Словно стоишь на краю пропасти, заглядываешь вниз и еле сдерживаешься, чтобы не расправить руки и не ринуться в полёт — и жутко, и сладостно, и обречённо-маняще-неизбежно. Радость полёта и неминуемость расплаты за него — падение: мой отрыв от него. Любой ценой.

Нет, я не верила, что смогу уйти навсегда. Но вернуться на бреющий полёт — да. Я должна была это сделать. А ради него я могла сделать всё. И я висела над этой бездной и смотрела на часы — когда полоснут по бечёвке. И мысленно их торопила...

Во вторник, предварительно позвонив, я отправилась к тем людям.

О блокаде Ленинграда написано так много, так подробно и так ужасающе-откровенно, что вряд ли я смогла бы добавить здесь что-либо новое. Думаю, каждый из нас не раз ставил себя на место людей, переживших тот кошмар. И каждый сделал свои выводы. Но самой потрясающей новостью стало официальное признание случаев каннибализма — блокадники ели мёртвых. Очень многие дрогнули от отвращения и ужаса. Но...

Ох, легко рассуждать и осуждать, когда твой ребёнок только что сытно пообедал и побежал поиграть во двор с такими же сытыми друзьями!

Не буду говорить о том, что сделала бы я, но точно знаю, что никогда бы не принесла в жертву условностям жизнь моего ребёнка! И закляла бы всех моих близких, всех родных, на случай, если бы я умерла первой, использовать мою смерть для убийства других, их смертей! Смерть всегда бессмысленна, но в данном случае она могла бы дать жизнь. И продолжить мою жизнь!

О Невском Пятачке у меня до сих пор нет определённого мнения. Трудно тут иметь мнение. Конечно, никто не будет спорить, что пока у командования были намерения разорвать кольцо блокады именно в том месте, значение этого плацдарма было невозможно переоценить, и пролитая там реками, в прямом смысле этого слова, кровь становилась глубоко-человечно оправданной. Но когда уже стало ясно, что прорыва там не будет...

Так было ли нужно продолжать удерживать на левом берегу Невы эти несколько километров земли, продолжая удобрять её советской кровью? Я читала, что такое решение было принято из вполне определённых соображений — нельзя было забирать у города надежду.

Но какая же цена у Её Величества Надежды? Ради неё ведь даже для лжи придумали оправдание — святой назвали!

Да, трудно, очень трудно дать оценку тому, в чем ты сам не участвовал. А кто берёт на себя это право, считает себя Богом. Ибо только Он имеет право судить всех и всегда. Потому что только Он присущ в каждом, всюду, и вечно.

Я не Бог. И даже не очевидец. А потому, просто склоняю голову перед всеми, кто испытал этот ад. Не библейский, а именно земной, руками человека созданный, ибо, я уверена, именно этот ад и есть самый страшный...

Дверь открыла вовсе не старушка, а просто пожилая женщина. Приятного вида, невысокого роста, с аккуратно уложенными, тёмными, хорошо покрашенными волосами и с улыбкой на устах.

— Проходите, проходите. Сейчас чай пить будем.

Она провела меня в комнату, усадила за стол и вышла на кухню за чайником. Я огляделась. Комната оказалась средних размеров и стандартно неинтересной. Такая же, как у всех, мебель, такие же ковры, такой же балкон, слева от входа, и такой же стол, только не посередине, а прижатый к дивану, расположенному в углу комнаты, прямо напротив входа. Обыкновенная, магазинная скатерть тоже была привычно белой, а чайный сервиз — ширпотребовским.

И я сразу почувствовала себя, как дома. Но за столом, на диване, прямо в углу, сидел полностью седой мужчина, очень худой и очень старый. И очень отсутствующий. Это сбивало и вызывало чувство неловкости. Мне было известно, что он был мужем этой женщины и что он — тихопомешанный, но всё равно ощущение неловкости не проходило. Жутко было находиться с ним за одним столом, да ещё и вдвоём, хоть я и сидела с торца стола, далеко от него. А он вообще меня не замечал.

Наконец женщина вернулась:

— Вы не беспокойтесь, он у меня тихий, так и сидит целыми днями. Пейте чай. Малиновое варенье — своё, с дачи, а вишнёвое — родственники с Украины прислали. Угощайтесь. И печенье сама испекла.

— Спасибо. Только не надо меня на "вы" называть. Ладно?

— Договорились. Ты спрашивай, не стесняйся, задавай свои вопросы. Меня уже предупредили, знаю, что у вас там опера про Невский Пятачок готовится. Нас, вот, тоже на премьеру пригласили.

— Вы расскажите сами.

— Да что тут рассказывать-то? Таких как мы — весь город был. И померли бы, если бы не он.

Она посмотрела на своего мужа, и я изумилась её взгляду и тону, каким она произнесла это слово "он".

В них была любовь. Любовь! Не жалость, и даже не уважение, смешанное с усталостью, а именно любовь. Горькая, полная безысходной боли, вымученная отчаянием и смирившаяся с судьбой, но это была любовь. И я застыла в немом восхищении и внутреннем, до земли, поклоне перед этим чувством. И возликовала! Потому что оно означало, что она, Любовь, есть на белом свете!!!

— В армию его не взяли, хромой он у меня, одна нога на пять сантиметров короче другой. Вот. Просился добровольцем, да куда там! Даже в ополчение не взяли. Так и продолжали работать вместе на Кировском. А когда я совсем доходить стала, слегла, он мне свой паёк начал скармливать, обманывал, что добавку дали. Я не верила, не хотела брать, даже ссорились. Вот. Помирала я... А потом, вдруг, толкает он меня, открываю глаза, а он что-то говорит, быстро так, ничего не понять. Думаю, я не совсем в сознании была. А он мне бульон из ложечки в рот пихает, горячий такой, вкусный, пахучий! И спросить-то ничего не могла. Много не дал, спать опять уложил, а потом снова покормил. Ну, и отходил меня. Сказал, что книги выменял на кусок мяса. Знаешь, у нас большая библитека была, ещё от деда моего досталась. Так мы этими книгами и спасались, воду грели. Жалко было, но... Да. А потом, когда уж совсем на ноги встала, стала замечать, что он какой-то не такой стал. А когда уж поняла... Да...

Она замолчала. А по радио зазвучала новая, ставшая бессмертной, песня "День победы"... и вдруг, во взгляде мужчины появился огонёк смысла. Как очнулся! Посмотрел на меня, на жену и, обняв её, тяжело, навзрыд, всей застоявшейся болью, расплакался. И она — вместе с ним. А я сидела, и каждой нервной клеткой ощущала эту чужую муку разорванной на куски любви. Войной.

Опять общество. Опять общество, ставшее на пути Любви.

Но давай, всё-таки, разберёмся, что же оно такое, в конкретном своём значении, общество? Люди. Толпа. Масса людей, совокупность их мыслей и биополей. И результат их наложения всё больше возвышает Христа — чтобы любить такой результат, надо быть воистину Христом!

Ведь что такое Любовь? Свет. Белое, отвергающее в самой своей сути, в самом своём изначалье любой другой оттенок. И видя, как отрицает, втаптывает в грязь людская масса белый цвет, нельзя не поверить утверждению церкви, что на Земле властвует дьявол.

Но... дьявол никогда и никого не убивал. Он только искушает! Это человеческие души идут на пролитие крови. И виляют, как змеи, выискивая лёгкие пути к достижению... пустоты!

В самом деле, подумай, ведь если бы тогда опросили каждого немца, согласен ли он с тем, что они делали в Саласпилсе, я уверена, что результат такого опроса несказанно удивил бы всех. И всё-таки они это делали!

Как же это возможно? Кто уничтожает человеческое "я", когда оно становится частью толпы?! Почему самая нормальная душа теряет свой облик, оказываясь бок о бок с другими, такими же нормальными душами? Или основная работа у сатаны — с толпой, а на мелочи-одиночки он тратит только своё свободное время? Так сказать, особого рода отдых его и развлечение? Хобби?

Значит, величие души определяется ещё и её независимостью от толпы!

Укор невежд, укор людей
Души высокой не печалит...

То есть — руки коротки. Не дотянешься, не изгадишь, не заставишь бросить крылья и поползти ужом. Но и расплата за верность полёту — немалая.

Провозглашать я стал любви
И правды чистые ученья:
В меня все ближние мои
Бросали бешено каменья" ...
(оба отрывка М. Лермонтов)

("Ты спрашиваешь, чего особенно нужно избегать? Отвечаю — толпы". Seneca).

Я ушла от этих людей подавленная и ошеломлённая, впервые столкнувшись душа к душе с безграничной силой Любви. И даже как-то растерялась, потрясённая открывшейся истиной. Значит, ты была права? Даже война не в силах убить Любовь?

И я вспомнила ещё один реально произошедший случай.

Шли первые недели войны. Хаос отступления и месиво из земли, крови и трупов. Одна девушка, медсестра, бросив вызов смерти, осмелилась полюбить солдата. Его душа тоже не струсила, не сжалась в комок от страха, не сбежала от ужаса почти неминуемой боли потери, и всей силой жизни отдалась этому зову. И они полюбили так, как можно любить только стоя на грани каждой секунды, как на роковой черте вечной разлуки!

Очень скоро они потеряли друг друга. Его ранили и отправили в тыл, а потом в госпиталь с тяжёлым ранением попала и она. Больше они не виделись. После окончания войны она долго его разыскивала. Безрезультатно.

Прошло 20 лет. Получив от завода путёвку в санаторий, женщина отправилась отдыхать в Крым. Лёжа на пляже, наслаждаясь солнцем и морским покоем, услышала, как мужской голос попросил у неё спички прикурить. Она подняла голову и... Да, это был он.

Всю жизнь они искали друг друга, всю жизнь оставались верными своей любви, предпочтя правду одиночества, чем половинчатую ложь. И нашли друг друга.

Ты права, Ленка. Любовь побеждает всегда.

("Всё побеждает любовь. И я тоже отдаюсь любви".Virgilio).

Я шла к метро, почти не касаясь земли, полностью растворившись в своих мыслях. Что-то сильное и мощное подставило своё плечо моей душе, и она устало и доверчиво на него оперлась. И плечо это было — Вера. Именно тогда, наперекор жёсткой правде, отчеканенной ясностью и логикой, я поверила, всем нутром поверила, в силу и непобедимость Любви. И всплеском всего моего я, попросила Вселенную, чтобы она помогла мне не согнуться под её мощью, а значит, победить.

Домой я пришла поздно, но Ирка была не одна.

— Познакомьтесь. Андрей — Тайви.

И я его не увидела. Вернее, мой взгляд сразу, как бы не встретив сопротивления, проскочил сквозь него. Прозрачный. Он навсегда исчез из моего зрения, так туда и не попав. Память хорошо зарегистрировала его внешний вид, поскольку глаза его видели довольно часто, но как человек он для меня так и не родился. Впрочем, время доказало, что я хорошо уже разбиралась в фотографиях...

Он был невысок, строен и черняв, с красивыми, чётко очерчёнными губами, с маленькими тёмными глазами и со странным, будто исподлобья, взглядом. Странность заключалась не в том, что он смотрел из-под бровей -- взгляд его был совершенно прямым. Но создавалось именно такое впечатление – словно он смотрел, как бы снизу и сбоку. Странно.

Они пили поздний чай, и пригласили к ним подсесть. Я отказалась и легла спать. И полностью отключила слух. Этому научили меня шахматы. Уши работали всегда, но слух только когда я этого хотела. Поэтому я быстро заснула, наслаждаясь мыслью, что утром смогу, наконец, сказать себе — завтра. Какое это отличное слово — завтра!

Продрав глаза, я услышала вопрос Ирки:

— Слушай, у тебя «на носу» день рождения. Думаешь что-то делать или нет?

Она застала меня врасплох. Слово "завтра" у меня ассоциировалось только со встречей с ним, и я вовсе забыла, что "завтра" это ещё был и мой день рождения.

— Не знаю, как-то не думала об этом. Надо бы что-то организовать.

— Так думай! Потому что если хочешь что-то организовывать, то пора уже и организовывать! Куда тянуть-то? Уже среда, а если праздновать будем в пятницу, то всего один день остаётся!

— Хорошо, давай сделаем вечеринку. Пригласим всех наших, потанцуем. Что-то приготовим вкусненькое.

— Договорились. Слушай, а можно я Андрея приглашу?

— Конечно. Какие вопросы!

— А почему ты ничего о нём не говоришь? Он тебе понравился?

Я попыталась вильнуть в сторону. Но она не отстала:

— Нет, ты не отверчивайся. Понравился он тебе или нет?

— Ирк, в школу опоздаем. Давай потом поговорим, по дороге в институт, а?

Мы уже сильно опаздывали, и Ирка сдалась. А потом, как я и расчитывала, она забыла про свой вопрос. Навсегда.

Даже такой длиннющий день, как та среда, должен был когда-нибудь кончиться. Но закончился он Семёновым.

Я спускалась по лестнице, мысленно уже вся в четверге, как вдруг меня кто-то окликнул. Оглянулась. Это был Степан.

— Здравствуйте! Моя подруга вас...

— Да-да, всё знаю, — перебил он. — Как самочувствие? Надо же, только договорился с вами встретиться и вы сразу заболели.

— Простыла, наверное. Ангина была.

— Вы в столовую? Давайте опять вместе пообедаем, не возражаете?

Боковым зрением я заметила, с каким нескрываемым любопытством начали посматривать на нас проходящие мимо студенты и преподаватели. И тут же поняла почему — уж очень у него светились глаза и слишком откровенной была улыбка.

Мне стало неловко. Захотелось удрать. Но он продолжал уговаривать. В итоге, желая уже только одного — побыстрее сойти с этой витрины, я согласилась. Но, спускаясь по лестнице, хладнокровно приняла решение прямо за обедом расставить все точки над i. И тут же поморщилась, грубо, в сердцах, про себя чертыхнувшись — вспомнилось моё обещание, данное Волжановой.

Мы отстояли очередь, болтая о чепухе, а когда уже сели обедать, он напомнил о кино. И я опять чертыхнулась, вернее, уже всласть выматерилась. На саму себя.

— Давайте в субботу. Где-то после обеда, на дневной сеанс, хорошо? А то у меня вечером репетиция.

Ему некуда было деваться и он согласился, предварительно заявив, что проводит меня на репетицию.

Опять вырвались чертыхания. А пока мы сидели, к нам не раз подходили поздороваться преподаватели, его сотрудники, просто студенты. Некоторых он даже знакомил со мной. Но, если кто-то останавливался поговорить, то бесстыдно разглядывал не его, а меня.

Теперь уже хотелось материться не про себя, а вслух. Но он здесь был ни при чём. Более того, Семёнов оказался приятным и интересным собеседником. Но... Я заварила кашу и не миновать мне было её и расхлёбывать.

Мы расстались, и я пошла в общагу. Ирки дома не было, наверное, умотала куда-нибудь с Андреем, но взамен была Ольга. Я обрадовалась её визиту. Правда, лёгкий укол совести, что я совершенно о ней забыла, чуть омрачил радость. Но ей было не до упрёков, и после первых приветствий, усевшись за неизменный чай, мы разговорились.

— У него появилась женщина. Я уверена в этом. Но сколько ни бьюсь, отрицает — и всё. А я совсем рехнулась от ревности. Не сплю, не жру...

Она похудела и осунулась. Глаза больше не горели, не плакали, не страдали. Словом, не жили. Складывалось впечатление, что они потухли. И вдруг, меня осенило — такие глаза не бывают у тех, кто любит. Только у тех, кто умер вместе с любовью...

— Оль, а ведь ты его уже не любишь.

Она как очнулась. Внимательно на меня посмотрела и тихо произнесла:

— Не знаю, может ты и права. Но если он меня бросит...

— Оль, вернись к себе. Стань такой, какой ты была до него. Вспомни, как ты любила читать стихи, петь, танцевать, смеяться! Ты была заводилой в классе! Все мальчишки в тебя были влюблены!

Слабый огонёк в глазах. Но сразу и погас.

— Это так давно было... Как не со мной.

— Но такой тебя и заметил Гриф. Ты в зеркало на себя смотрела?

— Смотрела. Больше не хочу.

— Но ведь и он на тебя на такую смотрит! Как ты этого не понимаешь?

Опять в глазах зажёгся огонёк сознания. Но снова исчез.

— Да. Выпил меня всю, как... Поэтому и бабу себе нашёл. Такая я ему не нужна.

— Да ты и себе такая не нужна! Разве не так?

— Так. Но... Нет у меня больше сил. Так я долго не выдержу. Или свихнусь, или...

— Оль, а с учёбой, как?

— С учёбой? А... не знаю, хвостов много... Не до учёбы мне сейчас, не могу себя заставить. Ничего не могу себя заставить сделать.

Тяжко было с ней говорить. Слова бились о непробиваемую стену выжатого отказом от борьбы отчаяния. И не было у меня тех самых, единственно-заветно-магических слов, чтобы раскрошить эту броню в пыль. Или они, эти слова, не всегда и бывают? Даже сейчас, по-прошествии стольких лет, я не знала бы, где их найти. Но зато знаю теперь и другое — сама Жизнь, своим всетерпеливым, но безмолвным голосом не всегда и не всех может заставить себя услышать. Даже она! Иначе никто бы не наступал на одни и те же грабли более одного раза...

Вечером пришла Ирка, и мы вместе сели ужинать. Узнав, что она вернулась со свидания с Андреем, Оля поинтересовалась, кто он.

— Мой парень. Недавно с ним познакомилась.

— Как, твой парень? А Денис?

Ирка помолчала прежде, чем ответить.

— Не знаю. Не спрашивай меня ни о чём. Я сама ничего не понимаю.

— Так ты что, бросила Дениса?

— Нет. Не могу. Я люблю его. Но и Андрея бросить не могу. Вот так.

У Ольги округлились глаза. И это она ещё не знала, что с собой сделала Ирка из-за любви к Денису! Но мы даже не подозревали, какой длинный шлейф потянется за тем поступком...

— Я тебя не понимаю. Ты что, хочешь сказать, что любишь обоих?

— Да не знаю я ничего!

— Оль, оставь Ирку в покое. Она сама уже так запуталась во всей этой истории, что лучше её не трогать.

— Тай, но я всё равно не понимаю! Ведь нельзя же любить двоих! Так не бывает!

И вдруг меня осенило!

— Девчонки! Я поняла! Можно! Но только не любить, а влюбиться! Ирка, ты влюбилась в Андрея, а не полюбила! И только потому, что Денис — далеко! Понимаешь, у тебя всё как-то стёрлось, забылось с расстоянием и временем, и тебе уже кажется, что ты его не любишь. Ну, или не так, как раньше. Поэтому и влюбилась в другого, в Андрея. Но если ты любишь Дениса, то когда он приедет, забудешь об Андрее. Если ещё раньше твоя влюблённость не растворится, как туман. Так сказать, временное затмение. Так бывает! Конечно, если ты любишь Дениса по-настоящему. А нет, так и отлично, будешь с Андреем!

Обе внимательно меня выслушали, а потом Оля спросила:

— А Денис, когда приедет, простит Ирку, что она была с Андреем?

— Во-первых, если он её любит, то всё простит, а во-вторых, мало ли с кем мы ходим в кино! Кто это запрещает? Она же с ним не спала!

— Но целовалась, — и Ирка выжидательно на меня посмотрела.

И я подумала о нём. Интересно, а если бы я сейчас поцеловалась с... ну... например, с Семёновым, он бы меня простил?

Кокошкин? Нет, тогда всё было по-другому. Ещё по-другому. А вот теперь... И не знала, что ответить.

Но и не смогла даже представить себе касание чужих губ — сразу потянуло на рвоту. А Ирка ждала ответа.

— Ир, ведь за ошибку, если Андрей окажется ошибкой, нельзя бить. Надо понять — и всё. Вот если бы ты побежала по парням развлекаться...

Ольга меня поддержала, и после долгого размышления Ирка ответила.

— Может, вы и правы. Да только всё это — теория, а вот на деле... Страшно мне. Я совершенно перестала себя понимать.

— Не насилуй себя, — сказала я. — Только зря мучиться будешь. Всё равно никакого ответа не найдёшь, пока время ему не подойдёт. Я, например, когда что-то не понимаю, то просто откладываю на потом, и оно само дозревает. Всегда!

Мы поужинали и уже пили чай, когда Ирка спросила про Грифа. Услышав рассказ Оли, возмутилась:

— Я могу миллион ошибок понаделать, но чтобы вот так унижаться, как ты, или как Ленка Волжанова — никогда! Лучше уж свихнуться от мучений, но бегать за мужиком с протянутой рукой?! Никогда!

Я была полностью с ней согласна. Но только я и Небо знали, чего мне стоило быть с ней согласной не только теоретически, но и практически. А до Ольки её слова не дошли:

— Значит, ты ещё никогда и никого не любила по-настоящему.

— Валяться в ногах у мужика и хватать его за штаны ты называешь любить по-настоящему?! — Ирка чуть не захлебнулась от возмущения. — Слушай, Оль, да если ты сама себя не уважаешь, как можешь ждать уважения от других, а тем более от твоего парня?! Да он же первый на тебя и плюнет, и ноги о тебя оботрёт!

Олю начал бить озноб, и я вмешалась:

— Ир, ей и так хреново до не могу. Не всем же быть такими сильными, как ты.

— Да никогда я не считала себя сильной! Но и никогда и никому не позволяла себя унижать! Что угодно могу с собой сделать, но сама! Са-ма!

— Ирк, ну прошу тебя!

— Да ничего, Тай, она права, — голос Оли был уже механически равнодушным. — Так мне и надо.

Тогда Ира подобрела:

— Ничего, Оль, всё проходит. Ещё пожалеешь, что всё кончилось. Вот увидишь! И даже мечтать будешь, чтобы опять так полюбить. Как сказала Каролина Павлова:

Уйми безумное роптанье
И обреки всё сердце вновь
На безграничное страданье,
На бесконечную любовь!

Как я восхитилась этими строчками!

Мы ещё долго сидели, говорили, порой и спорили, и когда легли спать, глаза у Оли были уже другие — если и не совсем ожившие, то хорошо отдохнувшие. И я успокоилась.

Утром Содина, как и предупреждала, встала раньше и уехала в универ. Во всяком случае, так она сказала. Но мне в это не поверилось. У неё не было с собой ни конспектов, ни учебников. А когда зазвенел чемпион мира среди будильников, жаркая волна радости лишила меня дыхания. До испарины!

И я вновь слепила ресницы, ожидая, пока вернётся ко мне способность владеть телом, а в голове перестанет пульсировать одно и то же, единственное слово — сегодня-сегодня-сегодня...

Иркин голос привёл мои нервы почти в порядок:

— Поздравляю! Любви, здоровья и всего такого.

— Спасибо!

— Жаль, что ты не дотянула всего одного дня, а то бы вся страна праздновала твой день рождения — День Космонавтики! А мне повезло — День Пионерии, 19 мая.

— Ну уж, дудки! Если праздник мой, то я вовсе не хочу его с кем-нибудь делить!

— Я всегда утверждала, что ты — неисправимая эгоистка!

— А ты — вечная пионерка!

И мы рассмеялись. Вскочили, собрались, позавтракали и побежали в институт.

После занятий, на которых сиделось как на жаровне, а глаза беспрерывно поглядывали на часы, я пулей полетела в столовку. И меня опять поймал Семёнов. Сначала я опешила, а потом, прямо слёту, бросила ему вопрос:

— Значит, вы меня ждали?

Он явно смутился, но, всё-таки, сказал правду. И не отвёл взгляд:

— Да. И вчера тоже. И знаю, что у вас сегодня день рождения. Хотел поздравить. Очень хотел.

Мне понравилось, что он не стал юлить. Но и очень не понравилось: если бы солгал, я получила бы моральное право больше его не уважать. А так...

И опять сочные чертыхания обрушились на мою ненормальную голову. От всей разозлённой на саму себя души! Ничего не скажешь, я обладала просто уникальной способностью загонять саму себя в угол, а потом ещё и стоять, как бы в стороне, с интересом наблюдая мои попытки выкрутиться. Почему-то вспомнился один анекдот, который я просто обожала:

Ползёт крокодил. Видит — рельсы. Переползает через них, и вдруг — поезд. Отрезал он ему заднюю часть туловища, поворачивается голова к заднице и спокойненько так, лелейненько говорит:

— Ну что, ж..па, допрыгалась?

Этот анекдот был точно про меня.

А он опять предлагал пообедать вместе, но не в нашей столовке, а в кафе. Отпраздновать, так сказать, мой праздник. Я, мямля какие-то сопливые возражения и внутренне себя ненавидя, попыталась было от него отвязаться. Но, конечно, ничего из этого не получилось. Он знал, что занятия уже закончились, и что я всё равно должна была где-то поесть. И так тактично, с такой надеждой меня просил! Послать его не было никакой приличной возможности. Но мои отборные проклятия полились уже и в сторону Волжановой.

В раздевалке Семёнов подал мне пальто. И я опять заметила, как на нас смотрели окружающие. Мне они были совершенно незнакомы, но меня и его знали многие. Почему знали его — понятно, а вот почему меня...

После той истории с КГБ, после всех этих бесконечных комсомольских собраний, я стала своего рода институтской знаменитостью. Кроме того, я ведь часто пела, сидя на подоконнике, для всего нашего общежитиевского колодца. А там жило не менее восьмисот студентов. Зрителей было много, а я — одна. Это давно породило ощущение, будто вся моя жизнь проходила, как на сцене Большого театра. А теперь это чувство стало возрастать. Я даже обрадовалась, что мы пошли обедать вне института.

Кафе было почти рядом, так что очень скоро мы уже сидели за столиком и ждали заказ. Семёнов поинтересовался репетициями.

— В субботу была комиссия, она полностью, на "ура", одобрила нашу работу. А двадцать седьмого — уже премьера.

И я опять обругала себя многоэтажными, очень нехорошими словами. Ну, кто меня тянул за язык?! И вообще, я когда-нибудь, ну, хоть когда-нибудь, поумнею?!

— Можно мне прийти на премьеру? Так хочется! Пожалуйста, не отказывайте.

Всё дальнейшее произошло, как без меня. Я так густо смазала колёса, что они могли теперь крутиться-катиться и вовсе без моего участия. Очень быстро он узнал все подробности и, в завершение, сообщил, что подождёт меня на выходе после спектакля. "Здорово, ничего не скажешь! Молодец!" — вот что я сказала самой себе.

— А как у вас с учёбой? Может, нужна помощь?

— Это в каком смысле?, -- я насторожилась.

— Я знаком со многими преподавателями и мог бы попросить кого надо позаниматься с вами дополнительно. Если, конечно, есть в том нужда. Вы не стесняйтесь, говорите. А по электротехнике и сам бы мог помочь.

Я успокоилась.

— Спасибо, но пока иду в ногу. Если будут проблемы...

И тут, внутренне корчась от собственной мерзости, я решилась:

— Знаете, у меня подруга есть. Волжанова фамилия. Вот у неё проблемы есть, и как раз по вашему предмету. Нельзя ли ей как-то помочь?

Тень неприятия промелькнула по его лицу. Но мне было абсолютно всё-равно, как и что он подумает обо мне. Главное, что подумала о себе я! Но слово, данное Волжановой, было сдержано.

— Пусть она подойдёт ко мне на кафедру, скажем, — он подумал, — в понедельник, часов в пять. Хорошо?

Всё! Что сделано, то сделано. Сама с собой я решила разобраться потом, а теперь мне уже было нужно только одно — побыстрее от него удрать. Шёл пятый час, а в шесть... Неужели оставались только сто минут?

Мы договорились встретиться прямо на нашей квартирке, впервые изменив паровозику. А надо было ещё забежать в общагу, переодеться и взять с собой книги и конспекты на пятницу.

— Спасибо, -- я встала -- Извините, но мне пора.

— Вы торопитесь? А вам куда? Разрешите вас подвезти?

"Так, — злорадно сказала я себе. — Ты забыла, что у него есть машина? Ну-ну! Теперь вся общага узнает, что ты с Семёновым на машине разъезжаешь!"

Только одним способом я могла от него отделаться — грубо послать или культурно попросить, чтобы он больше ко мне не подходил. Но ни того, ни другого я сделать не могла. Первый вариант блокировался воспитанием — он был глубоко корректен и честен, а второй... Волжанова ещё не получила своей помощи.

Он подвёз меня. Выйдя из машины, я услышала весёлый голос Вовки Рудого:

— Так вот почему ты такая недотрога стала! Метишь куда повыше? Молодец! Даже уважаю.

С того памятного случая, когда я кое-что пообещала ему, а потом просто испарилась, прошло уже более семи месяцев. Но каждый раз, когда мы встречались, он напоминал мне то, что и прибило меня тогда к нему, как волной.

Вовка потом, конечно, подошёл ко мне, но ничего не спросил. Только заявил, что я — такая же ломака и трепачка, как и все остальные бабы. И всё. С тех пор мы почти не общались, разве что на шахматных турнирах. Было жаль потерять такого друга, но сделанного — не вернёшь, и я давно уже примирилась с этой потерей.

— Конечно! А ты думал, что буду со студентиками-бессеребренниками возиться?

— Я — не бессеребренник! И ты это знаешь!

— Но ты — не доцент, машины у тебя тоже нет, а квартира на Невском тебе даже не снилась. Так что...

У него вытянулось лицо, а я, очень довольная произведённым эффектом, побежала домой. Но и близко себе не представляла, чем отзовётся мне эта история!

Наконец, закрыв за собой дверь и увидев, что дома никого нет, я смогла расслабиться. И тут же испарилась из этого мира. Полностью! Будто скинула его, как пальто. И всё, абсолютно всё зазвенело во мне мелкой, тонкой дрожью, оглушив и ослепив меня. Ни одна мысль, ни один звук больше до меня пробивались. Только одно уже владело мной — непомерное, сумасшедшее, не вмещающееся в меня счастье: через час я вновь буду жить!

37

Почти не помню как, с какими мыслями я летела к нему на встречу. В памяти остался лишь странный шлейф от неправдоподобного, непрерывного бега.

Только когда я закрыла лифт и оказалась напротив нужной двери, ко мне вернулось сознание. Оно остановило лёт, заставило глубоко вздохнуть, и протянуло мою руку к звонку...

Но я не нажала. Поняла, что если она откроется, то просто затоплю его слезами, прямо здесь, на пороге.

И я замерла. И чем сильнее колотило в висках, тем менее реальным становилось это нажатие. Шли секунды, глаза заволакивались тонким, полупрозрачным слоем влаги... И вдруг, дверь сама распахнулась и я, так ничего и не успев сообразить, оказалась в его объятьях. И расплакалась.

Практически на руках он занёс меня в квартиру. Всё так же молча закрыл входную дверь. Снял с меня пальто, шапку, шарф и даже сапоги. А из меня продолжал выплёскиваться оставленный за порогом мир. Он снова взял меня на руки и отнёс на кровать. И лишь тогда, оказавшись в велюровой, вибрирующей ожиданием темноте, жарко, ненасытно, со стоном дорвался до моих губ. Враз исчезли и слёзы, и тоска, и все отголоски оставленного нами мира. Был только он, я и наша любовь...

Когда снова заработало сознание, я удивилась, как мягко, сыто и покойно играло под аккомпанемент его плотного, ещё учащённого, дыхания моё озеро и как благоговейно молчала тишина. За эти полмесяца я уже забыла, какое оно, счастье...

Лёгкий шорох его движения — и лазуревое небо надо мной:

— Поздравляю, — дуновением касание его губ. — Желаю тебе всегда оставаться такой, как сейчас — счастливой.

Я улыбнулась и кивнула.

— У меня для тебя подарок.

— Ты сам — мой подарок. И я его уже получила.

— Тогда это будет довеском к уже имеющемуся. Вставай, помень. Если, как я надеюсь, подойдёт, то сегодня же пойдёшь в нём в ресторан.

Любопытство поборило желание уговаривать его отказаться от этого похода. Он вышел в другую комнату, что-то принёс и приказал:

— Подъём!

Я поднялась, и он положил мне в руки... джинсы!!!

Ленка, я даже подпрыгнула на месте! И визжа от восторга, повисла у него на шее. Gотом тут же, прямо нагишом, примерила их. Были тютелька в тютельку по мне! Я продолжала скакать, как ребёнок, а в его глазах горела, пылала, била какая-то дикая смесь страсти, любви, радости и... неописуемо-болючей грусти. И когда всплеск детского, слепого эгоизма спал, я повисла у него на шее, прильнув сама, впервые сама, к его губам. И затопила нежностью, так долго, так безысходно долго накапливавшейся во мне и получившей полную свободу. И мы опять захлебнулись друг в друге, как две столкнувшиеся, мощные в своей необузданной силе, волны.

Когда я вновь смогла слышать и видеть, на меня смотрела радость — его улыбка, теперь уже хорошая, чистая, без малейших теней, действующая на меня, как впрыск кофеина в вены. А его тихие слова разгладили последние морщинки появившейся было тревоги:

— Я люблю тебя.

— А ты — моя жизнь.

Долгий взгляд и ответ:

— А ты — моя.

— Правда?

— Да. Я всегда говорю правду.

— Или промалчиваешь!

— Или промалчиваю., -- улыбка.

— А промолчать — это всё равно, что соврать!

— Не всегда. Только когда молчание может быть истолковано по-другому. А моё молчание всегда говорит то, что я не захотел оформить в слова.

— Ты всегда выходишь сухим из воды!

— Нет, просто я умею быстро высыхать.

Мы рассмеялись.

— Скажи, а как ты узнал, что я просто умирала, так хотела джинсы?

— Ты сама мне об этом сказала. Да-да! Когда рассказывала, куда потратила свои 60 рублей, заработанные в твоём горе-стройотряде.

И я всё вспомнила! Когда нам выдали деньги, я, с разрешения мамы, решила наконец осуществить свою давнюю, мучительно-желанную мечту — купить джинсы. Но легко сказать, да не очень-то легко сделать. Советская промышленность такой чепухой не занималась — мы летали в космос, ей было не до джинсов. Поэтому купить такие штаны означало не только иметь лишних ползарплаты, но ещё и найти их!

Вообще, мне всегда было глубоко наплевать на тряпки — они были слишком ниже моего достоинства. Не было ни малейшего желания тратить на них даже мысль, не говоря уже о времени или деньгах. В сто раз приятнее было сходить в театр, в кино, в филармонию, или съесть мороженое, или купить букетик гвоздик. Но вот джинсы! Это было единственным исключением.

И я занялась осуществлением моего плана. Сначала, разумеется, обратилась к Генке, сыну моих ленинградских родственников. Он ходил в загранку и преспокойненько мог их привезти. Но получила в ответ даже не отказ, что вызвало бы уважение, а противное выюливание и выкручивание.

Тогда был брошен клич по общаге. И через две недели мне принесли мою заветную, голубого цвета, мечту. Но... сильно поношеную и пятидесятого размера. Я чуть не расплакалась от обиды. Всё-равно купила! Иголкой два часа шила, чтобы они с меня не спадали. Сама понимаешь, что из всего этого получилось. И, через ещё неделю, сдавшись перед очевидностью, мне пришлось с ними расстаться. Таким образом, я осталась с деньгами, но без мечты.

— И ты об этом помнил?

— Да. И уже давно их приготовил.

Я звонко чмокнула его в щёчку. И тут же вспомнила, как дорого они стоят...

— Но...

Нет, я не знала, как с ним заговорить о деньгах. Нет. Язык окостенел, и я потерянно замолчала. Несколько секунд он думал.

— Кажется, я догадываюсь, почему было произнесено это "но", -- его голос прорезали ниточки металла, -- Пожалуйста, никогда не ставь их между нами. Я очень тебя об этом прошу.

Мне тоже не хотелось денег между нами! И я легко кивнула. Его голос снова стал велюром:

— Почему ты плакала?

— Я... я так измучилась без тебя, что...

Он прервал меня поцелуем, а когда отпустил, я закончила, но голос дрогнул:

— И боялась, что тебя не будет. Что опять задержат на работе.

— Я здесь. С тобой. Иди сюда...

И наши руки, губы, кожа, каждая клеточка души, вновь пили радость ласки, полноводной, спокойной рекой лившейся из наших сердец. Страсть, требующая, разорвав вены, поделиться собственной кровью с другим телом, вжаться всем естеством друг в друга, залпом напоить душу и единым ударом обезглавить тоску — продолжала сыто спать, и теперь нежность, мягкая и тоже изголодавшаяся, полностью растворила нас в себе, в том, что и есть сама любовь. И только после этого купания, как в целом океане жизни, я почувствовала, что смогла, наконец, воссоединиться с собой. С той, которая была, дышала и жила только в нём.

— Кажется, я наконец, набылся с тобой, -- его голос шелестел летним ветерком.

— А я — с тобой. Знаешь, такое чувство, будто я опять стала одним целым.

Он приподнялся и посмотрел мне в глаза:

— Это то, что чувствую и я. , -- и покачав головой, добавил, -- Кое у кого мысли сходятся. А если сходятся ещё и чувства — по-моему, начинает попахивать жёлтым домиком.

Мы рассмеялись.

— Всё. Уже почти полвосьмого! Вставай. Нас ждут танцы!

И я взмолилась.

— Прошу тебя, пожалуйста, не надо ресторана, а?

Он удивлённо посмотрел на меня, помолчал, а потом спросил:

— А что бы ты хотела?

— Быть только с тобой.

— Но мне не хотелось бы провести весь вечер дома. Сегодня твой праздник.

— Тогда поехали в лес!

— Куда?

Но тут же, весело, как отрубив все вопросы, воскликнул:

— Договорились! Подъём! Поедем на дачу! А там — и лес!

Через минут двадцать мы вышли из дома. Я поразилась опустившейся на город тишине. Нет, конечно, никуда не исчезли опознавательные звуки города, но природа уже засыпала. Стих ветер, небо обещало принять несчётное количество мерцающих гостей, а холод решил взять короткий тайм-аут — было не более 2-4 градусов мороза. Поход в лес начал казаться прогулкой по волшебной стране.

Он глубоко вдохнул эту тишину и сказал:

— Когда такая благодать в городе, то лес нам покажется очарованной страной.

— Знаешь, нам ощутимо грозит дом с жёлтыми стенами!

— Что ж. Мы не только дураки, но и ум потерявшие. Впрочем, точное описание влюблённых.

И мы весело пошли... не к метро!

— А мы куда?

— К этой машине. Садись и поехали, — и он открыл переднюю дверцу, приглашая меня.

— Подожди, а откуда у тебя машина? Это твоя машина?

Он закрыл за мной дверцу, сел за руль, завёл, и только когда тронулся, сказал:

— Разве это имеет значение?

Я подумала и согласилась. Это в самом деле не имело никакого значения. Главное — мы ехали в лес!

— Расскажи про эти две недели без меня.

Первое, о чём я ему рассказала, был тот парень, который чудом избежал смерти. А то, что он мне рассказал потом, очень многие ночи не давало мне спать. Только два года спустя я смогла, по счастливому стечению обстоятельств, даже прочитать то, что услышала тогда от него.

Передам его рассказ коротко и сжато. Пока. Позже вернусь к нему подробно.

Что касается самого происшествия, то оно было лишь одним из проявлений скрытых в человеке возможностей. Что-то сродни моему второму дыханию на "Зарнице". Человек способен перепрыгнуть и забор четырёх метров в высоту, если его задеть "за живое".

Во-вторых, вероятность существования человека, если смоделировать его, как систему, равна нулю. Тут ты оказалась абсолютно права.

В-третьих, если предупредить человека-добровольца, что к его оголённой спине приложат раскалённую монету, а потом использовать совершенно холодную, то всё-равно, получится сильнейший ожёг.

В-четвёртых, в момент смерти человек теряет какое-то количество веса (то ли 25, то ли 19 грамм, цифру точно не помню).

В-пятых, есть фотографии привидений. Достоверные.

В-шестых, если в абсолютно тёмной комнате обернуть сверхчувствительной фотобумагой голову человека, то, после проявления, на ней окажутся засвеченные пятна, круги, разводы.

В-седьмых, под гипнозом можно заставить "всплыть" на поверхность ретропамять человека и тогда он начинает рассказывать о своих прошлых жизнях.

Я слушала, как говорится, разинув рот. Не перебивала, не вставляла комментариев, не переспрашивала. Зачем? Сначала надо было переварить, разжевать и проглотить полученную информацию, а тогда уже обсуждать её. И я просто слушала, усиленно впитывая обжигающие байты, и всё более и более ощущала, какой простор для размышлений раскрывался перед моим мозгом. И сколько точек смогу поставить вместо так давно зависших вопросов!

Но на последних его словах я не выдержала и выкрикнула:

— Теперь я уверена, что мой сон не был сном!

— Расскажи. Сейчас выйдем из машины, и ты мне всё расскажешь.

Оставив дачу позади, он проехал до конца улочки и остановился перед самым лесом. Вернее, перед началом просёлочной дороги, по обеим сторонам которой жил лес. И едва заглох мотор, меня буквально оглушило тишиной. До тонкого, высокой тональности звона в ушах.

Глубокий вдох помог приблизиться к этой вящей, туманно-звёздной стране. Но не смог дать полного с ней слияния. Уж очень у нас был интересный, далёкий от неё, потусторонний разговор. А ночная таинственность служила ему прекрасным фоном.

Он закрыл машину, и мы медленно пошли по лунной дороге. Мой голос странно звучал среди этого царства покоя, как чужой, непрошенный гость.

— Это было в детстве. Вернее, началось в детстве и продолжалось лет так до 13-14, теперь точно не помню. Мне стал часто сниться один и тот же сон. Будто идёт война. Первые месяцы. Меня поймали фашисты и стали пытать. Мне было лет семнадцать, не больше. Партизанкой была. Страшно пытали. Долго. Били, потом выжгли все волосы. Огнём. А потом выбили, по-одному, все зубы. А я молчала. Тогда поволокли за ноги на расстрел. И расстреляли. И когда в грудь начинали впиваться пули, (кстати, вовсе не больно, потому что то, что делали со мной раньше, было намного страшнее), вот... я всегда просыпалась в поту и дико боялась пошевелиться, чтобы проверить, есть ли у меня ещё волосы на голове и зубы во рту.

Я перевела дух. Говорить стало трудно. Он молчал, только чуть крепче сжал мою кисть. Устало-сонное бурчание снега под ногами не нарушало наступившего беззвучия.

— Знаешь, так трудно было заставить себя пошевелиться, чтобы сделать эту проверку! Проще всего было пошевелить языком... Я так и делала. Сначала язык... Вот. А потом так радовалась, что и зубы, и волосы оказывались на месте! Но знаешь, что было самое страшное во всём этом? Нет, не пытки, и даже не смерть. Вернее, не сама смерть, а то, что я думала перед ней. Думала, что я так и не полюбила. Так и не узнала, и никогда уже не узнаю, что такое любовь! Выла, ох, как я выла... но не от боли, а от этой мысли! Так обидно было, так ужасно обидно было, что я так и не успела полюбить!

Появились первые спазмы, как предупреждение, что у меня уже оставались считанные секунды, прежде, чем они напрочь перекроют горло. И почти скороговоркой, толчками, я выбросила последнее:

— Никому я об этом не говорила. Когда ты сказал, что хочешь уехать... как опять повести меня на расстрел. Сначала избить, потом выжечь... волосы... потом выбить все зубы, потом... пулями... дай мне долюбить... мне только 19... почти... как тогда...

Всё. Последний жёсткий спазм заблокировал горло. Уже не слова, а рыдания вытолкнулись из гортани. И я услышала что-то, похожее на...

— Иди сюда...

Его поцелуй поглотил следующий выплеск. В нём заблудилась лихорадка...

Мы кормили друг друга избытком боли, и всё плотнее и увереннее сжималась вокруг нас ночная владычица леса — тишина. И всё ниже опускался чёрный шатёр, щедро усеянный мелкими сверкающими бусинами, как опознавательными маяками других миров, других галактик, а может быть, и других глаз, которые тоже, как и наши, солонило отчаяние неминуемого расставания.

Но эта тишь — не по зубам никакой боли. И она, не покладая рук, неотступно и без устали трудилась, врачуя наши сердца, пока последние её гоготания, окончательно завязнув в ней, как в трясине, не захлебнулись и не ушли на дно, забрав с собой и все свои выскребки.

Ещё один долгий, но уже без надрыва и дрожи, поцелуй, а потом слова:

— Отдайся этой тишине. Ничто так не лечит, как она. Не будем ей мешать.

Мы углубились в лес. Дорога петляла. С каждым её изгибом, с каждым поворотом что-то отстёгивалось, отшелушивалось от сердца...

И что-то неизведанное, никогда мною неиспробованное, закралось, проползло в душу. Я удивлённо подняла глаза к этому шатру и остановилась в глухонемом ликовании: поняла, что это была Вселенная. Она меня слышала!

И всем неистовством неизжитой, ненасытной боли я взвилась к ней с молитвой:

Боготворю ночную тишину,
Когда высь неба, как глаза божницы,
Когда вся суть моя, как на духу,
И исчезают все меж нас границы.

Богоподобна эта тишина!
И пусть больнёшенько сжимает грудь
Потерь, ошибок горьких череда,
Что густо так усеяли мой путь!

Благословенна эта тишина!
Как богомолье, искренна, прозрачна!
И счастья всхлип и боли чернота
Здесь понимаешь, были не напрасно!

Измученной бесхлебицей душой,
Воззву к тебе, брюшина истин неба!
Дай пищи ей, и пощади его,
Не дай бурлачить по судьбе без хлеба!

Она услышала меня! Услышала! Но не дала ответа...
— Я люблю тебя. Как я тебя люблю!... Посмотри, видишь? — я закинула назад голову. — Над нами — Вселенная. Я только что с ней говорила. Просила пощадить нас... — и мои глаза вновь тонули в его, —... Но она мне не ответила.
— Иди сюда...
Изношенное непосильной ношей сердце тихо прильнуло к его душе, и мы замерли, неотличимые от этой ночи, тишины и Вселенной над нами...
Да, она мне не ответила. Только потом я узнала почему — пожалела. Лежачих не бьёт даже она. И не стала добивать правдой. А врать она не умела....
Когда мы пришли на дачу, было уже около десяти часов. Раздевшись, я сразу прошла на кухню, чтобы приготовить что-нибудь на ужин, а он занялся камином — было холодно. Мы молчали. Слова были не нужны — нас сопровождала тишина. Даже сейчас, чистя пресловутую картошку, я всё ещё находилась под её влиянием, как под гипнозом. Внутри было тихо и мягко, и ничто не хотело помнить о том, что через несколько часов я должна буду вскрыть себе вены...
Его шаги не вернули меня в действительность. Когда мы были рядом — ей не оставалось места. Он помог порезать картошку, и скоро она уже приятно трескотала на раскалённой сковородке.
Он первым нарушил затянувшееся безмолвие:

— Надеюсь, что сегодня она нас пожалеет и не подгорит.

Я улыбнулась, но не ответила. Мне не хотелось говорить.

— Садись, я сам накрою на стол.

Я подчинилась. Положила голову на руки и не сводила с него глаз, наблюдая за каждым его движением. И радовалась, как ребёнок, который смотрит свой любимый фильм. Мне вспомнился его взгляд, там, в городе, каким он смотрел на меня, пока я ликовала, как шальная, с его подарком. Взгляд, который так стеганул вновь проснувшейся тревогой.

— Почему ты так грустно смотрел на меня, когда я меряла джинсы?

Он перестал мешать картошку. Повернулся ко мне и сказал:

— Лучше я тебе отвечу строчками Лермонтова:

... За каждый светлый день иль сладкое мгновенье
слезами и тоской заплатишь ты судьбе,
мне грустно... потому что весело тебе.

Нет, мне не стало от этих стихов грустно. Он был рядом, а всё остальное пусть приходит потом, утром. Тогда пусть и режет, и душит. А сейчас... я тоже ответила стихами, которые случайно попались мне на глаза, когда я листала Иркин сборник стихов разных поэтов. Они сразу запомнились. Только я поменяла там слово "её" на слово "его":

Учит день меня:
Не люби его!
Учит ночь меня:
Всё его — твоё!
Я с ума схожу
В этих "да" и "нет"!
Ночь! цари одна!
Гасни, солнца свет.
(Константин Случевский).

Он настолько не ожидал такого ответа, что впервые неумышленно меня задел:

— Здорово! Неужели ты стала читать, да ещё и поэзию?

Мне стало обидно:

— Не такая уж я и темень, как ты думаешь. И Пастернака твоего чуть ли не наизусть выучила. С такой памятью, как у меня, это — как семечки щелкать. Вот.

Он рассмеялся:

— Нахохлилась, как обиженный цыплёнок... Любимый цыплёнок.

И я всё ему простила.

— Мне очень понравилось. Но я никогда даже не слышал об этом поэте. Что-то ещё знаешь из него напамять?

— Только ещё четыре строчки. О том, о чём я всегда, постоянно, каждый миг мечтаю, когда тебя нет со мной рядом.

Недолго ждать, и станет ночь темнее,
Зажжется длинный ряд всех, всех её лампад,
И мир заснёт... Предстань скорее!
Пусть мы безумные... Пускай лобзанья — яд!

Он бросил картошку и подошёл ко мне. Я вскочила, и его губы с необузданной, неотступной жадностью обхватили мои. Ошпарило горячей, пьяной волной...

Желание слиться с ним, с его дыханием, с его любовью не пересыхало, не иссякало, не истощалось. Это было какое-то высшее безумие, неподконтрольная, взрывоопасная возгораемость. Или ничем и никем непобедимая невменяемость двух сердец, не желающих слышать свой приговор и смириться с неотвратностью судьбы...

Мы стояли возле стола с отключённым рассудком, губами одаривали друг друга неисчислимыми прикосновениями, а руками срывали бутафорию внешнего, отвергшего нас мира. Он ещё пытался что-то сказать, выдавить из себя неразборчивым шёпотом, но только и смог что на миг оторвать от меня свою руку и выключить газ.

И вновь исчезла земля, вновь жгли простыни, вновь его объятия, руки, губы вырывали из меня стоны и вновь блаженная, высшая радость захлестнула мозг, рассудок, душу и вскрик счастья слился с этой ночной, внеземной тишиной...

— Никогда не думал, что так бывает, -- прошептал он.

— Как?

— Обладать женщиной и всё равно продолжать её хотеть. Насыщаться, не насыщаясь. Есть и оставаться всё равно голодным.

То же чувствовала и я. Но он говорил о прошлом, о том, где ещё не было меня.

— А как было раньше?

— Хватало одного куска хлеба и сразу приходила сытость.

Пришлось подумать, чтобы понять.

— А... а те, что кормили тебя этим куском хлеба, не удивлялись, что ты больше не хочешь есть?

Он рассмеялся, приподнялся и посмотрел мне в глаза.

— Может и удивлялись, да только мне-то уже было всё равно — я был сыт! И потом, вовсе не все мужчины могут проглотить более одного куска. Но теперь думаю, что это — только вопрос психики. Сердце командует! А тело только делает то, что ему приказывает сердце — кормит! Сила любви проявляется даже в этом.

Всё это было совершенной новостью для меня, и стало очень интересно. И любопытно! И уже совсем не стыдно. И этому я тоже удивилась.

— А почему мне больше не стыдно говорить с тобой на эту тему?

— Потому что мы стали родными. И потом, где между мужчиной и женщиной есть стыд, там нет любви. Конечно, я говорю не о профессии любить, а о чувстве. Согласна?

— Да.

— Прекрасно! Всё! Лекция окончена, пошли дожаривать картошку, которую я еле-еле спас.

Слушай, а может это запах жарящейся картошки так на нас действует?

Я прыснула со смеху и тоже поднялась с кровати.

Было хорошо, тихо и легко на душе. Настолько, что я совершенно забыла о том, что до рассвета оставалось уже так мало времени.

— Так когда у тебя премьера и где?

Рассказала. Но знала, что и там мы не увидимся. И ничем не выдала этого знания. И моего незнания, когда встретимся в следующий раз, и встретимся ли. Просто я, до последнего момента, хотела видеть его счастливым.

Было два часа ночи, когда, наконец, мы легли спать. Он почти сразу заснул. А я долго лежала с открытыми глазами. Потом, наверное, всё-таки задремала, но проснулась от...

Ночь разбудила меня стонами,
Я подошла к окну, а там, за шторами,
На землю падал снег, окончив путь,
И тихо плакал, намочив ей грудь.

Как одинока жизнь-полёт у них!
Картина миллиардов судеб людских,
Они, как снег, летят к земле родной,
В коротком вздохе, перед вечной тьмой.

Что наша жизнь? Полёт снежинки той,
Что, раз родившись, знает путь уж свой!
Её мне грустно слышать плач сейчас,
Наверно так же смотрит Бог на нас.

Я бесконечности взгляну в глаза
И в них увижу, что моя судьба —
Снежинковое одиночество,
Как вечности земное зодчество...

Я стояла у окна и беззвучно плакала. Было шесть часов утра, но ничто не указывало на это — за окном стояла ночь. И такая же ночь неслышной поступью, на ходу извиняясь, просачивалась в мою душу. И не встречала сопротивления...

Но надо было идти. Я смогла заставить себя двигаться и порадовалась этому. Тенью подошла к нему. Сдержала порыв прикоснуться к его губам, впитала последние секунды нашего рядом. И, не оглядываясь, вышла из спальни.

А в зале, серповищем ударила тишина. Она показалась ожившей. Посивевшей. Но чёрной в своём гневе...

Быстро, продолжая мокрить щёки солью, я оделась, вытащила из портфеля тетрадь, тихонько вырвала из неё листок бумаги, взяла ручку и написала четыре слова. Потом положила его на стол, прошла в прихожую, накинула пальто, и, осторожно открыв дверь, вышла из дома...

И...

Словно исполинский молот,
Душу грохнул мёртвый холод!
Лязгнул стужей, как зубами,
И лягнул меня годами,
Что, как наледь, все, веками,
Лавой огненной легли
На моём теперь пути.
Потому что — без любви...

И мой безголосый крик увяз в этой безмятежной, ледовой тишине...

...я дышу ещё болезненно и трудно.
Могу дышать, но жить уж не могу.
(Ф. Тютчев)

Он

Первым движением открывшихся глаз он узнал время — было только семь часов утра. Его лицо казалось лежбищем самой радости.

Вдруг, её как выжгло — он резко повернул голову и увидел белеющую рядом пустоту. Пустоту, которая уже успела выхолодиться — выброшенная рука обожглась снежным равнодушием. Он замер, прислушиваясь и вчувствовываясь в тишину — она лохматилась подступающей болью...

Тогда вновь ожило лицо. Закрылись глаза, потом сжались ресницы, брови, губы. И ожили руки. Они попытались защитить его от подступивших к нему, и уже начинающих заарканивать его нитей отчаяния...

Не смогли.

И резко всколыхнулось тело. Рывком оказалось в зале. Ударилось о белизну листка, как только что о белизну пустоты кровати. И два последних шага сделала агонизирующая надежда, чтобы прочитать свой приговор: "Я смогла. Я взлетела". И подпись — капли невысохшей влаги...

Одним махом выбросилась из комнаты тишина. Взвыла внутриутробным голосом боль, и рывками, всухую, вспарывая сердце и вены, забила из его горла...

Белым крылом упал листок на пол и стал немым свидетелем расправы отчаяния над любовью.

...О, господи! Такое пережить,
И сердце на клочки не разорвалось. (Ф. Тютчев)

Ленка! Даже сейчас, столько парсеков спустя, сердце отказывается памятовать ту боль. Слишком хорошо оно помнит, как перекромсанное насилием, превратилось оно в дом отдыха для зимы отчуждения, застыв на последней ступеньке предсмертия. И слишком хорошо знает, что разорванное и сшитое уже далеко не так прочно, как целое.

Тогда оно смогло выстоять, не раскрошиться вдребезги на малые безжизненные льдинки равнодушия от первого же к нему прикосновения. А сейчас... Зная, что второй раз ему не перезимовать, согласилось вернуться в ту снежную ночь, в те дни побоища, только покрывшись, как парусиной, тёплой памятью весны...

38

Он

Они сидели на кухне. Но этот раз – втроём. Маша наотрез отказалась оставить мужчин одних. На столе, на терелочках, аккуратными аппетитными лесенками были разложены ломтики тонко порезанной колбасы, голландского сыра и маринованных огурчиков. В глубокой пиале, горкой, красовались отливающие прозрачным глянцем маринованные белые грибки. Посреди стола возвышалась запотевшая бутылка водки, а три доверху наполненные рюмки выжидательно застыли перед каждым из участников беседы.

Впрочем, пока это был Машин монолог. Валерий молчал. Поблёкшее, сильно осунувшееся его лицо, совершенно не гармонировало с синим, слишком ярким, цветом глаз, а кисти, сжатые в кулаки, недвижимо лежали на столе. Толик, в немой растерянности, не спускал глаз с друга, безрезультатно пытаясь поймать его взгляд. Одна Маша, не умолкая, щебетала за столом. Но её голос бы ненатурально оживлённым, словно она всё-время пыталась оттянуть момент, когда уже нельзя будет делать вид, что ничего, абсолютно ничего не было необычного в их сегодняшней посиделке.

— Я ей тогда говорю, что так делать нельзя, что торт обязательно подгорит и придётся его выбросить. А она, упрямая такая, не слушает меня, и давай всё по-своему делать. Сама, мол, хотела сделать, сама и сделает. Ну, и сделала. Я хотела выбросить, да Витька не дал. Ел, да прихваливал. Если бы я такой торт испекла, вы бы меня из дому вместе с ним выгнали. А тут... Сразу видно, что влюблён в неё, как мальчишка.

Но и Маша выдохлась, и в кухне зависло молчание. Толик первый прервал его:

— Ладно. Не будем строить комедию. Ясно, что неспроста ты сегодня зашёл. Я же вижу, что на тебе лица нет. Никогда тебя таким не видел. Давайте выпьем, закусим, и ты всё раскажешь.

Выпили, и Маша поддержала мужа.

— Говори, Валер, знаешь ведь, друзья мы тебе.

Ещё какие-то секунды он не двигался. Потом, как решившись, достал из внутреннего кармана пиджака листок бумаги и протянул Толику. Голос его прерывался от сдерживаемых волей рывков боли:

— Это сегодня утром... сама... когда я ещё спал... там... там размыто от её слёз...

Толик, пробежав глазами написанное, отдал листок Маше и спросил:

— Значит, ушла. Валер, это лучшее из всего, что могло случиться.

— Знаю. Но... Жизнь я у неё украл...

И вдруг, со всей яростью и ужасом человека, загнанного в ловушку, взорвался:

— Знаешь, что больше всего меня мучит, что давит тут... — и он разжавшейся кистью сильно стиснул себе горло, — ...так давит, что дышать не могу?! Что жить не хочу?! А то, что я, взрослый, здоровый, уважаемый всеми мужик, с положением, с зарплатой, даже со скорой квартирой, чёрт бы меня побрал! не смог защитить девчушку девятнадцати лет! Так кто же я тогда, а?! Кто?! Если моя любовь только и смогла, что уничтожить, стереть в ничто её душу! Кто я тогда после этого?! Кто, я тебя спрашиваю!! Подонок, вот кто я такой, ясно? Такой подонок, каких свет ещё не видывал! И знаешь почему?! Потому что не ненависть, не равнодушие её убило, а любовь! Любовь! Моя, чтоб меня разорвало! любовь! Вот она какая на поверку вышла! А она ведь возвышает, облагораживает, делает и сволочей людьми. Тогда что же я был и есть без неё?!

Он стоял, согнувшись над столом, и мощными толчками извергал из себя смертельное удушье отчаяния, а Толик, застыв изваянием на стуле, с лицом, скорчившемся в гримасе боли, неотрывно смотрел ему в глаза. И вскочила Маша!

— Не так! Не твоя любовь её уничтожила! Никогда я тебе этого не говорила! Никогда не совала нос в твою работу и во всё, что она собой представляет. Но теперь! Теперь нет у меня сил молчать! Вот ты ответь, мужества наберись и ответь! Почему ты на ней не женишься, а? Почему не можешь даже просто начать с ней жить, как могут другие, чисто любящие друг друга, а? Ответь?! .. Молчишь?! А я требую, чтобы ты ответил!

На секунду за столом застыла, как перед бурей, тишина. Валерий, тяжело дыша, фиолетом налитыми глазами, в упор, смотрел на Машу. Но молчал. И тогда она выкрикнула последнее:

— Нечего тебе ответить. Нечего! Потому что только один ответ есть на все эти вопросы. Только один! — пауза, и ударами тяжёлого маятника попадали в тишину её слова. — Страна у нас такая, общество! Ни в одном государстве мира такого кошмара не могло бы произойти, ни в одном на всём земном шаре! А ты, ты ещё и защищаешь эти нечеловеческие устои, позволяющие измываться над душами людей! И нет у тебя возражений, не может их быть, потому что нечем тебе крыть мою правду!!

И только три дыхания, перетянутые нервным спазмом, завладели пространством кухни, где сидели трое так горячо друг друга любящих людей.

Наконец ожил Толик:

— Машка права, Валерка. На все сто процентов. И ты сам это должен понимать. Ты здесь ни при чём. Лбом стенку не прошибёшь. И не обижайся на неё. Спасать тебя надо, Валерка. Спасать. С такими мыслями, как у тебя сейчас... так и до петли ведь недалеко... или до командировки, без обратного билета.

— Налей ещё, — голос Валерия походил на хрип.

Выпили. И Валерий заговорил. Вернее, стал издавать членораздельные звуки:

— Ты Машка, права. Права... Знаешь, Толька правду сказал, я ведь и в самом деле за себя уже не ручался... Но... я ли виноват, страна ли, а легче от

232

этого никому не станет. Ни ей, ни мне. И будь я проклят за то, что оказался таким слепцом и ещё тогда, у себя в кабинете, ей не поверил! Тогда ещё не поздно было бы всё остановить!

— Нет, Валерка, — голос Маши тоже уже не жил. — Если приходит любовь, ничего и ничто её не удержит. Это — единственное, что не знает препятствий. Как... да, как всемирное тяготение.

Прошли три дня, полностью вычеркнутые из памяти. Думаю, не надо объяснять, почему они не выжили, скорее ты удивишься, почему их оказалось так ничтожно мало. Всё просто, ибо то, что заставило очнуться мою память, произошло через три дня, в понедельник. И это была последняя предупредительная вспышка бикфордова шнура.

Дальше уже был сам взрыв, тот самый, который я так и не смогла предупредить...

— Тайка, я хочу спросить тебя об одной вещи.

Был поздний вечер, и я только что легла спать. Помню, какой разбитой усталостью ныло тело и душа. И очень, очень хотелось спать. Но тон, каким Ирка ко мне обратилась, заставил развернуться и разлепить глаза.

Она сидела на кровати и как-то затравленно на меня смотрела.

— У тебя бывают задержки?

Я не поняла.

— Какие задержки?

— Ну, эти... месячные... бывают?

Нет, я ещё не проснулась и спокойно ответила:

— Конечно, бывают. У меня вообще месячные приходят, когда хотят, а что?

— А на сколько, максимум, они у тебя задерживаются?

Я отвечала автоматом:

— Не знаю, ну, дня на три, может, на четыре. А почему ты об этом спрашиваешь?

Ирка помолчала, а потом голосом, утопленным в страхе, выдохнула:

— А у меня уже на неделю...

Всё равно я ещё ничего не поняла!

— Ну и что? Подумаешь, бывает же... Чего ты пережи...

И осеклась. И вмиг проснулась. И выскочили из меня и сонливость, и усталость, и бесчувственная отрешённость. И тяжко, свинцовой клешнёй сжалось горло...

Ирка упала на подушку и горько, безутешно разрыдалась. А я продолжала сидеть. Невидяще, остекленелыми глазами смотрела на её вздрагивающее в конвульсиях тело, и не знала, ни что ей сказать, ни что сделать, ни чем помочь. Я просто оцепенела от мысли, которая ни разу меня не посетила раньше, ни единого разу даже ноготком не постучалась ко мне. А вот сейчас, как дорвавшись, нещадно ошпарила липкой волной ужаса — то же самое могло произойти и со мной. Могло!

И смерчем пронеслась она по мне, не оставляя за собой ни единого живого места, ни одной точки, которая не зазвенела бы, не загорланила никогда прежде непознанной болью! Болью за него. Ведь сто раз можно быть осторожными и внимательно-предусмотрительными! Сто раз! Но достачно одного мига, одного только мига, чтобы... О, Небо! Ведь сколько детей на земле рождаются, благодаря одному этому мигу!... И... и что бы я тогда делала? Что?!

Не во мне было дело. Нет. А в нём! Мы! Мы бы тогда что делали?! Что? И, о господи, что же тогда было бы с ним?!

Не знаю, сколько длилась эта вакханалия взаимного отчаяния. Но вдруг ещё одна мысль, вопиюще-манящая, сверкающая радостью так долго мною искомого выхода из тупика бессмыслия, выскочила из оглохшего, затравленного, изнасилованного волей сердца. Тело покрылось слоем испарины, и всеми обрывками сил я стала пытаться выгнать её из себя!

Но она, эта мысль, настолько сладкая, насколько запретная, возвращала мне смысл моей жизни —

оказаться на месте Ирки и ничего ему об этом не сказать...

Ох, как навязчиво, как монотонно била она! Как орало сердце, требуя дать ему право жить! Как страшно-дико было думать о том, что я впервые хотела его обмануть. И как обмануть! И под рыдания Ирки я избивала своё сердце, давила и жгла его, потому что не хотела, не должна была допустить такую ложь!

Ибо знала, точно знала, что правда, рано или поздно, но обязательно всплывает на поверхность...

— Тайка, ну, что мне теперь делать? Что?

Говорить было ещё труднее, чем дышать.

— Ирк, он же хочет на тебе жениться. Ну, тот парень. Может, ты подумаешь, а? Не знаю... Денис... А Андрей... если родишь... Может... Нет. Но аборт... О, боже! Да за что же тебе такое?

Слов больше не было. Да и нужны ли они были? Её рыдания всё равно их уверенно заглушали.

Мы тонули в отчаянии, как в океане, и не было у нас даже соломинки, чтобы выплыть на поверхность...

Я поднялась, удивляясь, что мышцы меня ещё слушались, вышла в прихожую, налила по полстакана водки и вернулась.

— Давай выпьем. А завтра пойдём к врачу.

Ирка уже не рыдала, только тихо лежала, как в забытьи, и тяжело, тошно дышала. Мы молча выпили водку, и она опять легла. Её глаза казались тёмными входами в обречённость...

Врач не смог ни подтвердить, ни опровергнуть беременность — срок был ещё слишком мал. И потянулись дни ожидания окончательного приговора судьбы.

Помню, как расширились от ужаса глаза Ритковой:

— Ой, что же теперь она будет делать?

— Аборт.

— Ой, я бы умерла! А если бы это случилось со мной? Мы же тоже с Володей...

— Вы бы поженились.

— А если бы он не захотел?

— Родила бы без него. Если любишь, конечно.

— Как это, без него? Самой с ребёнком? Да ты хоть представляешь себе, что ты говоришь?

Представляла, ещё как представляла! Но ей я ответила по-другому:

— Тогда бы ты сделала аборт.

— Как ты спокойно об этом говоришь! Да я бы умерла, если бы Володя меня послал убивать собственного ребёнка!

— Не умерла бы. Но узнала бы, что он тебя не любит.

— Это ещё не значило бы, что он меня не любит. Просто мы все сейчас учимся и рожать детей было бы очень глупо.

— Значит, сделала бы аборт.

— Это тоже ужасно! Ужасно!

— Тогда не спи с ним и не будешь рисковать это испытать.

Но и это решение ей не понравилось. А мне стало противно. Почему-то вспомнилась одна грубая, но такая точная русская пословица — она хотела и рыбку съесть и на х.. сесть.

Помню, как нехорошо ухмыльнулась Волжанова.

— Так ей и надо. Будет знать, как ложиться под первого встречного.

— Ты стала жестокой.

— Нет, просто я очень реально смотрю на жизнь. Без ажурной бахромы, вздохов и ахов. И потом, помнишь пословицу? Не умеешь — не берись! Да ты подумай, с первого же разу! Это ж надо быть такой дурой! Мы с Бергером сколько раз уже были вместе. И ни одной проблемы!

— Бывает, что всё равно залетают. И что бы ты тогда делала?

— То же самое, что Ирка. Только не делала бы из этого трагедии — любишь кататься — люби и саночки возить.

— Ты — прям колодец народной мудрости.

— Учись, пока жива!

И помню, как после всех этих обсуждений, всё настойчивее буравила мой мозг та мысль, от которой я так и не смогла избавиться. И как сладко начинало запевать сердце, когда я сдавала позиции и начинала допускать обдумывание её осуществления. И как истошно-надрывно вопило оно, когда я сгустком воли, хоть на минуту, выгоняла её из себя.

И помню, что исчезли всё телефоны-автоматы. Они были, конечно, на тех же самых, привычных местах, но я их больше не видела. Потому, что поднять трубку стало означать подписать ему приговор. И я приняла нежизнь, чтобы дать жизнь ему.

Ты можешь спросить, отпраздновала ли я свой день рождения, сходила ли с Семёновым в обещанное кино, была ли на занятиях по шахматам. На всё отвечу словом нет. Существовали только институт и репетиции оперы. То есть, ровно столько, сколько ещё мог воспринять мозг. О душе речи не было.

Где-то за неделю до премьеры я получила от тебя письмо. И почувствовала себя настоящей сволочью, без скидок и смягчающих обстоятельств. "Я так ждала тебя на твой день рождения! Приготовила праздничный обед, даже торт испекла. А ты не приехала. И ничего не сообщила. А потом я провела отвратительную ночь с Мирославом. Если бы ты была рядом!" И горько всплакнула совесть, как в преддверии бешеного ливня. Но ливень всегда проходит, а вот малая изнурительная течь... Это покрапывание никогда уже больше не прекратилось. Никогда.

Но задождила во мне только совесть. Я сидела с твоим письмом в руках, и с ужасом чувствовала, как пусто и безнадёжно выжжено было озеро моей души, и как даже твой крик заглох в нём, не вызвав и ряби на его бывшем ложе. Тишина заброшенного пустыря — вот что там было. И... спокойно приняла и это — так и должно было быть, ведь я оторвалась от себя.

А ещё через пару дней пришло письмо от мамы. Она сообщала, что 30 мая будет в Москве и просила меня тоже туда приехать, чтобы вдвоём продолжить путь до города N, к моей бабушке. Там бы мы смогли провести майские праздники. Бабушка взяла бы мне обратный билет на вечер первого и, таким образом, с пересадкой в Москве, я уже третьего утром была бы в Ленинграде, не пропустив ни одного дня учёбы. А мама собиралась задержаться у бабули на всю неделю, благо праздники это позволяли, почти полностью прикрывая собой остававшиеся дни.

План был отличным, главным образом потому, что давал возможность встретиться с тобой. И это несказанно порадовало мою совесть, настолько, что даже капель её значительно поредела. Но не пересохла...

В тот же день был куплен билет в Москву, и была отправлена тебе телеграмма о моём приезде.

За пару дней до премьеры я встретилась с Семёновым. Вернее, это он меня встретил, остановив чуть ли не за руку.

— Простите, но у меня не оставалось другого способа вас задержать. Вы меня совсем не слышали. Наверное, о чём-то задумались?

— Да, задумалась. Здравствуйте. И это... вот... извините, что я не сдержала своего обещания... насчёт кино... и даже не предупредила вас.

— Ничего, бывает. Сначала, признаюсь, очень на вас осерчал... Бросим об этом... Вы сейчас куда?

— Домой.

— Я подвезу вас?

Именно тогда выплеснулось в мозг продолжение той самой мысли! И помню, как меня это подкосило — я поняла, что не могу, не в силах контролировать своё сердце. Думала, что смогла его победить, смогла выдавить из себя ту мысль, окончательно и навсегда от неё освободившись. Но недооценила противника — оно слишком хотело жить, потому что не могло перестать любить. И втихаря от меня, нашло верный способ побега —

свою волю к жизни протащило в единственно неконтролируемое мною место — подсознание, и там мирно и спокойно выхаживало, вынашивало и холило свою мечту, осуществление которой стало его единственным шансом выжить.

Теперь оно выдало готовое решение — выйти замуж за Семёнова, но перед этим создать тот самый единственный миг, который для Ирки стал трагедией. И каким лелейным шопотом оно доказывало, что никогда и никто не узнает правды!

Только мы бы её знали — я и сердце. Живое сердце!

Мне стало не по себе. Потому что оно стало побеждать. В последнем крике разума, я напомнила ему момент, когда он подвёл меня к окну и чужим голосом попросил никогда не желтеть вместе с этим миром. Но в ответ сердце победоносно заявило:

— Выйдя замуж за другого ты никогда больше с ним не увидишься. Никогда. И это — цена возвращённого тебе смысла жизни. Его дитя. Разве она высока?

Семёнов, не дождавшись от меня ответа, повторил:

— Так как же? Подвезти? Вы опять от меня убегаете. Только теперь — мысленно.

И не я, а моё сердце, воспользовавшись шоком мозга, поспешило:

— Конечно! С удовольствием.

И мозг отметил, как радостно блеснули глаза Семёнова.

Наступил день премьеры. Мандраж забил прямо с утра. Казалось, что во мне не осталось ни одной клеточки нервов, которую бы не заразил этот озноб. Но не от страха. А оттого, что вновь его глаза будут смотреть в мои, вновь я буду дышать с ним одним воздухом, вновь наши мысли, наши чувства будут накладываться друг на друга и вновь всей кожей я буду чувствовать его любовь. И пусть мы не увидимся, пусть я даже не буду знать, где, в каком месте находится этот источник жизни, но они, его живые голубые озёра там будут, и его душа вновь будет впитывать голос моего сердца. И от этого знания, от этой уверенности у меня тягуче-хватко сжималось что-то под диафрагмой и тёплой, чистой влагой затуманивались глаза.

Я снова стала жить.

До спектакля оставались считанные минуты. На сцене уже стояли на своих местах все музыканты, я пританцовывала от волнения за кулисами, и монотонным шумом заждавшегося моря гудел битком набитый зал. На спектакль пришла даже моя родственница Поля. Я была приятно удивлена, когда она, узнав про оперу, вызвалась прийти на премьеру. Но никто из остальной родни этого желания не изъявил.

Теперь уже никаких посторонних мыслей не было. Я вся превратилась в сплошное волнение и изнывала от нетерпения побыстрее покончить с этой мукой. Безостановочно повторяла первые слова моей арии и молила небо, чтобы у меня не задрожал голос. Впрочем, и ноги.

Наконец, всё стихло — открылся занавес. Я ступила на сцену и... ослепла! Полностью! Случилось то, та самая маленькая деталь, которую мы так ни разу и не отрепетировали: мне не дали испробовать, как оно бывает, когда в полной темноте вдруг ударит тебе в глаза безжалостный, мощный луч прожектора!

Как я растерялась! Даже следующего шага не смогла ступить! Даже позабыла о самой элементарной ориентировке — зал!

Испариной отчаяния покрылся лоб и конвульсивно задрожали ноги. А надо было ещё и петь! Поймать тональность, вспомнить слова, выпорхнувшие из меня, и во что бы то ни стало продолжать двигаться! Помню загудевшую угрозой тишину и появившееся паническое желание сбежать оттуда куда подальше!

И... как с другого света, раздался первый аккорд Антонова. Позже выяснилось, что мою заминку он объяснил себе волнением и решил помочь. Но... не помогло. Хотя, благодаря этим звукам, вышли из столбняка мышцы. Ноги задвигались. Но я... я продолжала молчать! И тогда Володя второй раз тронул струны гитары.

Только тогда я смогла взять себя в руки. Глубоко вдохнула и запела, продолжая быть абсолютно слепой. А когда вступил оркестр, я стала ещё и абсолютно глухой, так как мой голос полностью заглушался музыкой, и они, накладываясь друг на друга, дружно уходили в несуществующий, невидимый для меня зал. И я пела, как в вязкую пустоту, где утопали все, совершенно все звуки.

Сегодня так не поют. У певцов (когда они выступают не под фонограмму, что теперь вовсе нередкость), в ушах лежат маленькие наушнички, которые позволяют им слушать и контролировать свой голос. Да и сегодняшние художники не работают так, как раньше. Непревзойдённые, великие гении прошлого смешивали краски, чувствуя их глазом и душой, и составляли неповторимые, живые, нетускнеющие в века цвета. А сейчас? Сейчас все вообразимые и невообразимые оттенки красок можно просто купить. Достаточно лишь знать их номерной знак.

А скульпторы? Резцом и молотком, доверяя только рукам, глазу и... таланту, работал Микеланджело и даже не думал, что когда-то его коллеги-потомки возьмут в руки "бормашину" и так жестоко оскорбят мрамор.

А литьё? У "Персея" даже вены видны на руках! А тогда и в помине ещё не было законов об усадках!

Наука — дело великое. Но я не уверена, что она должна совать свой нос в искусство. Иначе — поля мазни, горы изувеченого мрамора и полностью забытое слияние с Вечностью.

Может и поэтому нет больше гениев?

Дальше всё пошло, как по маслу — легко, насыщенно и отрешённо от всего, что не касалось жизни оперы. А когда затих последний аккорд, ожил так долго отсутствующий зал и под его восхищённый грохот я покинула сцену.

Ещё много раз мы выходили, благодарили поклонами зрителей, и когда, наконец, смогли расслабиться, откупорили заранее припасённые бутылки шампанского. Но не думай, что мы были так уверены в победе. Шампанским можно было и утешить душу, если бы наша опера провалилась.

На улице ко мне подошёл Семёнов. Кокошкина не было. Он забегал накануне моего дня рождения. Поздравил, узнал когда и где состоится премьра и подтвердил, что ждать не будет.

Всё-таки я оглянулась — искала глазами его. Не увидела. И что-то глухо толкнуло под сердцем.

— Я поражён. Восхищён. Никогда не думал, что вы можете так петь.

Мы шли к машине. Было темно и пусто. Только воздух был заполнен до краёв. Холодной, бесстрастной влагой.

— Так вы же не один раз слышали меня в стройотряде?

— Верно. Но сегодня... вы как-то странно пели... Ну... будто прощались.

Опять глухо стукнуло. Захотелось сорваться с места и помчаться до самой общаги. Нет, дальше, пока не осталось бы сил ни думать, ни чувствовать, ни дышать...

Я сумела овладеть собой. Но не настолько, чтобы заговорить — рисковала не выдержать.

Мы сели в машину. Он отвёз меня домой. Всю дорогу никто не нарушал молчания. Уже прощаясь, он сказал:

— Я не понимаю вас.

— Это не важно. Главное, что вас понимаю я.

И, не ожидая ответа, поблагодарила его за услугу и вышла из машины. И пока я не зашла в корпус, она не отъехала.

Поезд остановился, я вышла на платформу. Ещё подъезжая к Москве, я удивилась, каким ясным, тёплым, по-настоящему весенним днём встречала меня столица. Но он совершенно не гармонировал с тем, что было у меня на душе. В Ленинграде было легче.

Ты не встретила. Я продолжала искать тебя глазами, но всуе. И ни беспокойство, ни волнение, ни предчувствие даже не затронули меня. Появилось только удивлённое непонимание. И я растерянно застряла на перроне, не зная, что же мне теперь делать.

И вдруг, кто-то крепко меня обнял сзади — ты!

— Я тут стою, как тополь, а тебя всё нет и нет. Забыла? Или проспала?

— Нет, просто остановку метро проехала. Пошли.

Помню, как резанули меня твои слова. Но… я тут же их отбросила. Не хотелось думать, почему ты проехала остановку.

И пошёл счёт — раз.

— Давай ко мне, в общагу, а потом, когда позавтракаем и отдохнём, погуляем по Москве. Согласна?

— Конечно!

Мы пошли к метро. Стоя на эскалаторе, я спросила:

— Что у тебя случилось с Мирославом?

— Я хотела просто заснуть с ним., -- ты не смотрела мне в глаза, -- Как ты… А он… он чуть не изнасиловал меня. Отпустил, когда я сказала, что заору.

Это было страшно. Очень страшно. И я не захотела говорить и об этом.

Два.

— Если бы ты приехала. Тогда. Этого бы не случилось.

— Не смогла. У меня… — нет, стало почему-то стыдно (!) сказать правду, — …такие завалы в школе, что никак не могла вырваться.

Три.

— Почему же не сообщила? Я так ждала тебя.

— Как-то вылетело из головы. Не обижайся, ладно?

— Ладно.

В метро мы молчали. Кричать не было сил ни у тебя, ни у меня. Только когда доехали и поднялись из подземелья, ты спросила:

— Как у тебя... с ним.

— Ушла.

Молчание.

— Я познакомлю тебя с Мирославом.

— Зачем?

— Хочу, чтобы ты его увидела. И сказала мне, что ты о нём думаешь. Хорошо?

Я сознавала, что он, Мирослав, меня вовсе не интересует. Вовсе. Но ты просила, и я согласилась. Не хотелось ни думать, ни понимать, ведь чтобы сказать своё мнение, его надо иметь.

Три с половиной.

Мы зашли в комнату, разделись, и ты стала готовить завтрак. Маринки не было. Значит, уже уехала на праздники.

— Лен, что у тебя с учёбой?

— Завалы. Сессию не сдам.

— Почему? Ведь ещё куча времени!

— Не хочу. Я вообще уже ничего не хочу.

Подуло льдом. И я... я опять отошла от сквозняка.

Четыре.

— Рисуешь?

— Брось ты меня мучить вопросами. Расскажи лучше, как прошла премьера.

Отлично! Это уже понравилось. Ты дала разрешение сбежать в сторону.

Пять.

Я рассказала, а потом мы мило проболтали ни о чём. После завтрака ты повела меня к Мирославу. В памяти осталось только само свидание. Мы обменялись с ним взглядами. И я получила удар, который перехватил горло и сжал лёгкие.

Вернувшись домой, ты предложила сразу пойти погулять. Что ж. Мы оделись и бегом побежали вниз по лестнице с девятого этажа. Пробежав пару пролётов, ты, не останавливаясь, спросила равнодушно-наигранным голосом:

— Ну, что молчишь? Как тебе Мирослав?

— Он страшно похож на моего. Как две капли воды. Только глаза чёрные.

И ты как споткнулась. Резко остановилась и забежала в угол пролёта. Спиной ко мне. Я тоже остановилась, не понимая, что тебя так ошеломило. А ты продолжала стоять, лицом в угол, и молчать.

— Лен, ты чего? Ты чего?

Ты развернулась... и что-то тяжёлое шевельнулась где-то под рёбрами.

— Ничего. Это я... так. Побежали.

И я отмахнулась и от этого.

Шесть.

Мы купили десять килограмм апельсин и, щёлкая их, как семечки, весело болтали. Ты смеялась, шутила и яркое весеннее солнце играло на твоих мокрых от сока губах. И вдруг...

— Ты навсегда ушла?

Мне потребовалось несколько секунд, чтобы справиться с дыханием.

— Я ушла первой. Значит, оставила дверь открытой. Так легче уходить. Поэтому надо всегда уходить первой.

— Стала себя спасать?

— Нет. Его.

— ?

— Он решил уехать. Туда, откуда не всегда возвращаются. Чтобы вернуть мне мою жизнь. И он сделает это. Рано или поздно, но сделает.

Ты остановилась.

— И... это ещё не всё. Его жена пригрозила позвонить ему на работу.

— И, как минимум, его вышвырнут из партии и с работы. Хороша жёнушка, ничего не скажешь. Но... даже если она и не позвонит, он всё-равно уедет. Да...

Ты помолчала.

— Он любит тебя. И ты — его. Ради такой любви стоило бы жить.

— Это — медленная смерть, а не жизнь.

— Нет. Ты так говоришь, потому что не знаешь, что такое нежизнь.

— Уже знаю.

— Нет. *Я это знаю,* -- два шага вперёд и резкая остановка, -- *Но я верю, всё равно верю, что ваша любовь сбудется. Запомни это, запомни, что я тебе сейчас сказала. Всегда это помни.*

Что-то было в твоём голосе такое... Но я смогла это понять только позже — завещание. А тогда я только покачала отрицательно головой. А потом сказала:

— Я приду к нему в следующий раз только тогда, когда это будет нужно ему. И только для того, чтобы спасти. Иначе мой возврат принесёт только смерть. Хватит и того, что умерла я.

Ты долго молчала, прежде чем опять заговорить:

— Ты не веришь мне. Что ж. Значит, не время. Как будешь жить дальше?

— Я хочу от него ребёнка.

— Я ждала этого, -- ты даже глазом не моргнула! -- И даже заранее приготовила ответ. Во-первых, у ребёнка должен быть отец. Во-вторых, если ты его любишь — почему не подумаешь о нём?

— Я выйду замуж и никто не узнает правду. И никогда больше с ним не увижусь.

— Татьяна Ларина в двадцатом веке. , -- ты опять остановилась, -- Только... Она-то солгала, потому что её заставили солгать, а ты... Ты выбираешь ложь сама. А я не верю в ложь. Какая бы она ни была. И... и у тебя больше не будет глаз египетких цариц.

И ты вновь зашагала, а у меня поплыло перед глазами. Я знала, что ты — права. Знала! И я выкрикнула:

— Ленка! Идти по белой линии — это идти по натянутой струне — упадёшь! Всё равно упадёшь! Рано или поздно, но сорвёшься! Неужели ты этого не понимаешь? Надо приспосабливаться,

приспосабливаться! Чтобы хоть как-то сохранить душу. Или хотя бы её остатки! Иначе разорвут в куски!

Рывком разворот и слова:

— Пусть! Пусть разорвут! Значит, слаба оказалась! Но не буду, ни за что не буду приспосабливаться! Не хочу и не буду!

Опять разворот. Несколько шагов и вновь слова. Уже тихие и спокойные, с улыбкой на губах:

— Я вчера в институте яд взяла. Хороший. Соль ртути, сулема называется.

— Зачем?, -- удар страха и сдвинулась земля.

Опять улыбка и, перед тем, как вновь зашагать, ответ:

— Просто так.

И я застыла над пропастью...

Но не было у меня сил в неё лезть...

И я опять отскочила в сторону. Обошла.

Семь.

Вечером ты проводила меня к моей родне, где меня уже заждалась мама.

На этой семье, на этих замечательных, с удивительной историей людях, я обязательно остановлюсь подробнее позже. Сейчас лишь напомню, что тетя Оля была сестрой моего погибшего на фронте деда по маминой линии, а дядя Федя, её муж, лично знал Маресьева.

Дверь открыла мама:

— Ну, наконец-то! Здравствуй, Лена. Вы с Таей ещё сто раз увидитесь, а я с дочерью только два дня побыть могу. Могли бы и пораньше расстаться.

— Извините. Ну, до свидания, я пошла.

Слова мамы меня ковырнули. Сильно, очень сильно...

Кстати, почему?! Почему?! Неужели я уже что-то почувствовала?! Неосознанно, не отдавая себе в том отчёта, но уже почувствовала?

Наверняка! Иначе, почему бы я дословно запомнила эти слова, сказанные более двадцати пяти лет назад?!

Я повернулась к тебе и напомнила:

— Не забудь, буду в Москве послезавтра, утром. Не прозевай остановку.

Ты чмокнула меня в щёчку и побежала вниз по лестнице.

От поездки к бабушке в памяти не осталось даже маревой тени воспоминаний. Память оживает только с того момента, когда мой поезд вновь остановился в Москве, и я вышла на перрон.

По-прежнему ясно светило солнце, ласково трепыхался ветерок, но, как и два дня назад, тебя нигде не было. Я постояла, подождала минут пятнадцать и разозлилась. И даже не потому, что ты проспала, как я уверенно объяснила себе твоё отсутствие, а потому, что теперь мне надо было тащиться в другой конец Москвы, и пока бы я до тебя добиралась, чтобы стянуть с кровати, почти полностью израсходовалось бы время, которое было в нашем распоряжении — бабушка не смогла достать билет на ночной поезд и взяла на дневной, который отходил всего через несколько часов.

Я чертыхнулась и побежала к метро. Уверена, что всю дорогу я была абсолютно спокойной.

Через час я нетерпеливо стучалась в твою дверь. Но её открыла Марина. Несмотря на половину восьмого утра и выходной день, она была одетой. Это сразу бросилось в глаза. Поэтому и запомнилось.

— Привет! А Ленка где? Спит?

Она молча распахнула дверь. Войдя, я посмотрела на твою кровать. Она была пустой. И аккуратно застеленной.

— А где она? Должна была меня встретить на вокзале, но не пришла. Где она?

Марина стояла и молчала. Потом как-то тяжко опустилась на краешек своей кровати и потухло попросила:

— Ты сядь. Сядь.

— Нет, я только на минутку. У меня скоро поезд. Ты только скажи, где Ленка. Я сразу побегу к ней.

248

Но она опять тем же голосом, устало повторила:

— Ты сядь... Сядь...

Не снимая пальто, я присела на твою кровать. Чисто рефлекторно, чтоб только ублажить Маринку и добиться от неё ответа, где ты.

— Это... Вчера, утром. Она яд выпила. Меня не было, я ещё не приехала из дома. Она из окна потом кричала, Мирослава звала. Он прибежал. А её уже кровью... рвало. Он скорую вызвал. Два мужика-амбала не могли с ней справиться. Не давалась. Кричала, чтоб в покое оставили и не мешали ей умереть. Вот... Они ей руки выламывали и Мирослав помогал... чтоб ... это, желудок промыть... Много времени потеряли... А потом увезли. Она сознание уже потеряла.

И замолчала.

Нет, Ленка, я не поверила ей. И очень спокойно возразила:

— Этого не может быть. Я только накануне пробыла с ней весь день. И всё было хорошо. Мы апельсины ели. Десять килограмм съели. Не могла она на следующее же утро... И потом, она знала, что я сегодня приеду. И обещала встретить. Нет. Этого не может быть.

Марина молчала, и её молчание медленно просачивалось в сознание. Просочилось. Но не до конца.

— Где она?

— В Склифасовского.

— Ну, тогда всё хорошо. Это хорошая больница. Ох, и дура же она! Весь желудок себе испортит. Калекой на всю жизнь останется!

Но Марина продолжала молчать, только жалостливо на меня посматривала.

— Нет! Она не умрёт, не переживай. Где эта больница? Может, успею к ней забежать.

— К ней никого не пускают. Ждут родителей.

— А почему ждут родителей?

— Так ведь... так положено.

— А! А почему не пускают?

— Она в реанимации и... и всё равно без сознания.

— А почему в реанимации?

— Так ведь... так положено.

И моё сознание успокоилось. Мелькнуло даже облегчение (!), что мне не надо было к тебе ехать— всё равно не пустили бы!

Восемь. Нет, не восемь. Просто все предыдущие семь наложились один на другой и слились...

— Ладно. Тогда вот что. Мне надо возвращаться на вокзал. Ты... это... дай мне лист бумаги. Я тебе свой адрес напишу. Ну, если там что случится, хуже ей станет, то дашь телеграмму, ладно? Я приеду.

— Ладно.

И я спокойно поехала в Ленинград. Точно спокойно, потому что всю дорогу думала о том, что у меня куча задолженностей по институту.

Вечером, дома, Ирка спросила, как прошла поездка. И я рассказала ей о тебе. И её реакция была почти такой же, как у меня. В девятнадцать лет в смерть не верится. Но у неё не было... счёта в 7 баллов.

День третьего мая я практически не помню. Лекции, семинары, словом, обычный рабочий день. Но вот вечер мне запомнился очень хорошо, и до сих пор, когда об этом подумаю...

Я сидела на своей кровати и читала конспект. И вдруг, ни с того ни с сего, тяжело, вымученно разрыдалась. И по нашему, всегда включённому радио, сообщили время — 21 час. Потому и запомнила время, что услышала его по радио.

И я продолжала рыдать, никак не успокаиваясь. И совершенно не понимая, почему же меня так прорвало!

Помню изумлённый, вопросительный взгляд Ирки. И её допытывания. И мой ответ, выдавленный вместе с очередным спазмом:

— Не знаю...

Четвёртого, вернувшись из института, я застала дома Ольгу. Только успела ей рассказать, вкратце, о тебе, как в дверь нашей комнаты постучались. Спросили меня. Я подошла, и какой-то парень всучил мне в руки телеграмму.

Я не развернула её. Нет. Подошла к столу и прочитала сначала откуда.

— Оль, это из Москвы..

— Так читай же скорее!

Тогда я медленно развернула бланк и глаза прочитали:

"Лена умерла третьего мая марина"

И замерли все звуки, мысли, чувства. Только замерли. Как испарились. И всё.

— Так что там? Чего молчишь? Ну-ка, дай мне.

Оля взяла телеграмму и прочла её вслух. И странно было, что она сразу расплакалась. А я стояла, не отрываясь смотрела на жёлтый, полурасплавленный абажур нашей настольной лампы, и никак не могла понять, почему она плачет. Лампочка слепила глаза. Она била светом прямо из дыры в абажуре. Я не могла отвести, оторвать от неё взгляд. И продолжала не понимать, абсолютно не понимать, почему Олька так громко плачет.

— Ну, что ты стоишь? На вокзал надо ехать, за билетами в Москву! Ехать надо!

А я всё глядела, как завороженная, на этот жёлтый, обглоданный абажур, и почему-то вспоминала строчки из Пастернака о пожелтевшем мире. Как этот свет. Он тоже стал жёлтым. Странно.

— Тайка! Пошли же!

И Ольга грубо потянула меня за рукав.

Взгляд оторвался. И я спросила:

— Зачем в Москву? Я только что оттуда.

— Так ведь на похороны надо ехать!

И потянула меня к вешалке. Я сделала пару шагов, дотронулась до моего пальто...

И только тогда, взрывом лавы, расплавленной до звёздной плазмы, так долго зревшей в недрах ада и копившей в себе убийственнейшую силу, ворвалось в сознание содержание телеграммы...

Ещё помню мой нечеловеческий хрип, помню, как я сползла по моему висячему пальто на пол, и как дико, животно я взвыла.

Всё. Дальше в памяти — только отрывки. Рваные, совершенно не связанные между собой. Я так и опишу их тебе. Так, как и вошли они в мою, иногда приходящую в себя, память.

Метро по пути на вокзал. За билетами. Остановка. Не смогла идти дальше: рыдания согнули тело пополам. Опять скулящий вой. Опять сдали ноги...

Очередь в кассы. Оля стояла за билетами, а я сидела на полу, в стороне, и тихо плакала. Стоять не могла — ноги снова не держали...

Поезд в Москву. Мы с Олькой застелили свои боковые места и вышли в тамбур покурить. Я тоже закурила. Мы весело болтали и смеялись, представляя, какую рожу ты скорчишь, когда узнаешь, зачем мы к тебе приехали. Хоронить! И мы договорились устроить тебе тёмную и как следует отдубасить за такие шуточки.

Вход в хол твоего общежития. Легко заходим и, толчком, останавливаемся на пороге. Слева от нас — большой некролог с твоей фотографией...

Я очень любила этот снимок. Ты на ней улыбаешься какой-то загадочной, джокондовской улыбкой, а ветер ласково развевает твои красивые, вольные волосы...

Твоя комната. Почему-то открытая. Никого нет. Только календарь на столе оставлен на третьем мае. Подхожу. Чёрными чернилами написаны цифры— 21. И обведены кругом. И вспоминаю свои необъяснимые рыдания. И падаю на твою кровать...

— Вставай, вставай. Надо искать её. Это всё — шутка! Шутка! Видишь, никого нет, никто не бегает с приготовлениями поминок, похорон. Никто! И родителей нет! Это всё — неправда!

Ольга трясла меня за плечи. Я встала. Её глаза были безумными. Поэтому я ей поверила:

— Точно. Надо искать морг, и увидишь, ни в одном морге мы её не найдём! Пошли!

Столовая. Сели обедать. А взяли на троих. Молча переглянулись, но ничего друг другу не сказали. Оставили третью порцию нетронутой.

Очередной морг. Предыдущие не помню. Но тогда вспомнила, что он был очередной. Звоним во что-то, похожее на лифтовую кабину, только очень большую. Из-под земли выезжает человек. Или что-то, на него похожее.

— Скажите пожалуйста, у вас, ведь, нет девушки, восемнадцати с половиной лет, с длинными волосами, Леной зовут?

— Есть. Похороны завтра. Я её ещё не помыл. Чего вам надо? И кто вы такие?

Ноги вынесли из морга, но не смогли спустить по лестнице. Отказали. Я упала на ступени и застыла, расслоившись на отдельные, вовсе между собой не связанные куски. И даже не от того, что всё это оказалось правдой, что последняя безумная защита рухнула перед очевидностью чёрной ямы, из которой вылезло привидение, а от ужаса. Чудовищного, панического ужаса! Омертвляющего, всё собой заслоняющего, заставляющего желать смерти, как защиты! Потому что руки этого существа будут касаться твоего тела, твоих губ, волос, рук, ног, груди! И при этом будет напевать весёленькую песенку, ту самую, с которой он только что вылез из бездны! И в этом страшном подземелье, в этом вопиющем преддверии гробового мрака, ты была наедине с ним!

Тот же морг. Много, очень много молодёжи — твои институтские друзья. Удивляюсь. Значит, у тебя было много друзей. А ты не верила. Твои родители слева от меня. Ждём вынос гроба из подземелья. Твоего гроба. С тобой в нём.

Гитара. Меня зовут спеть что-нибудь из того, что ты любила. Я выхожу из морга и пою. Ту самую, твою любимую песню: "Хочешь, не хочешь, будешь ты со мной. Это предназначено судьбой..." И всё расплывается перед глазами...

Вновь зал морга. Шум лифта. Как из чёрного ада, гроб. Закрытый. Может, тебя в нём нет? Ставят на стол. Открывают крышку. И в этом, таком узком и неудобном ящике, вижу кого-то. Не ты! Ищу глазами Ольку. Хочу её успокоить. Она оказалась рядом со мной, справа. И плачет. Чего плачет-то? Это не можешь быть ты! Это что-то холодное и неживое. Не грустное, но и не улыбающееся! Это не можешь быть ты! Нет!

Стало легче.

Но когда все пошли целовать тебя в лоб, и твои родители позвали меня сделать тоже самое, моя голова зациклилась на однообразно-монотонном влево-вправо, влево-вправо, и что-то когтями рвануло внутри и... белое пятно памяти.

Автобус. Твой гроб у меня под ногами, сзади. Я часто трогаю его ногой, всё ещё надеясь, что это сон...

Твой гроб уже в яме. И все, по-очереди, бросают горсти земли. И глухо стучат по тебе эти комья последнего "прости".

Отрывки из поминок.

Длинный стол. Мы с Маринкой сидим с торца, спиной к окну, лицом к выходу из комнаты. Она — справа от меня, слева — твои родители. Твой отец трясёт в руках какие-то бумажки и громко кричит:

— Вот, вот корешки денежных переводов! Я посылал ей денег. Всё у неё было!

Он же — мне.

— Посмотри, это её календарик. Тут отмечены дни. Это ведь месячные, да? Так у неё они были в этом месяце! Она не могла быть беременной, правда?

— Слава! А есть ещё водка? Ты говорил, что поставишь её под мой стул.

— Так я и поставил. Слева от тебя.

Я честно пошарила, подняла все бутылки и показала ему, что они пустые. И запомнила его округлившиеся от ужаса глаза и залепетавший вдруг язык:

— Так там... там четыре бутылки было. Точно знаю, сам ставил. И... и только вы с Мариной их пили...

Я стучу в дверь Мирослава. Никто не отвечает. Вхожу. Большая комната. Две кровати по бокам. На полу, скрестив ноги, сидит он. Перед ним — много бутылок. Пустых. Но есть и полные. И стакан. Я подхожу. Встреча глаз, и его приглашающий жест. Я села, скрестила ноги, как он, и мы молча запили.

Ни одного слова не было сказано.

Следующий день. Такой же солнечный и ясный. Я уезжала домой. Да, домой, не в Ленинград. Не могла не встретиться с тобой прежде, чем туда вернуться. Знала, что там, в тиши наших гор, на берегу реки, ты не сможешь отказать мне во встрече. И я ехала домой, чтобы вымолить у тебя жалости...

Но перед тем, как сесть в поезд, я пришла на твою могилу, на Долгопрудное.

Стою над свежим холмом. Одна. Мягко, ласково баюкает ветер. Воздух наполнен особым, неповторимым кладбищенским покоем. И только ему доступным, запретным для живых Знанием. Стою долго, не двигаясь, подставив лицо живому, молодому ветру. Потом опускаю глаза и медленно приседаю, опускаясь на корточки...

А затем, не выдержав, падаю всей грудью на рыхлую, сухую, голую землю...

Перепиленной болью душой,
Припаду я к могиле твоей,
И застыну надгробной плитой,
Больше нет у надежды корней!

Перекатом, срывая листву,
Понесёт по судьбе-пустырю,
Где зацепка — надежда моя,

Перерубленной пала, плашмя!

Свечерело средь полного дня,
Без рассветов осталась Земля.
Смерть твоя скрыла мир паранджой,
Свет и краски сглотнув серизной.

Как студёно тебе средь теней,
В вечной ночи без звёздных огней!
Алчу сил, чтоб зажечь сто свечей
Изнеможенной верой своей!

Как же жить мне теперь без тебя?
Пхнула пикой в глазницу судьба!
Погружаюсь я в мрак пустоты,
Обессмыслились ночи и дни!

Погасание радости жить
Перережет и счастье любить,
Погорельцей стою на ветру,
Пахнет гарью и небо в дыму!

Я заоблачной высью взмолюсь
И на прахе твоём поклянусь —
Жизнь прожить за себя и тебя,
И простить всех за всё и за вся!

Да, я дала эту клятву, но...

The chosen mission of the IGRULITA Press is to become an essential base of support and a platform for creativity and intelligence in the literary and related arts as well as a bridge between the creators and receivers of a creation.

We endeavour to accomplish the latter part via a modern network of cultural nodes such as libraries, universities, cultural organizations, research centers.

We invite you to join our activity based on your interests, capacity and aspirations.

We can be reached at
igrulita@vfxsystems.com

Project team:
Supervision:Eugene Manel   *Cover design*: Olanga Jay
Art Director: Mary Benson
Setting: Jason Campbell

IGRULITA Press, Berkshires, USA
Contact: igrulita@vfxsystems.com
ISBN 978-1-936916-05-4

www.ingramcontent.com/pod-product-compliance
Lightning Source LLC
Chambersburg PA
CBHW051818090426
42736CB00011B/1533